# BUKU MASAK SAYURAN AKAR

Menguasai Masakan Sayur Akar melalui 100 Resipi

John Rifqi

Bahan Hak Cipta ©2024

Hak cipta terpelihara

Tiada bahagian buku ini boleh digunakan atau dihantar dalam apa jua bentuk atau dengan apa cara sekalipun tanpa kebenaran bertulis yang sewajarnya daripada penerbit dan pemilik hak cipta, kecuali petikan ringkas yang digunakan dalam semakan. Buku ini tidak boleh dianggap sebagai pengganti nasihat perubatan, undang-undang atau profesional lain.

# ISI KANDUNGAN

ISI KANDUNGAN...........................................................................3
PENGENALAN.............................................................................8
SELERIAK.....................................................................................10
1. SOUFFLE SADERI & KEJU.................................................11
2. SUP SADERI DAN EPAL DENGAN KACANG WALNUT DITUMBUK..14
3. PORK SCHNITZEL DENGAN CELERIAC REMOULADE...................16
4. RISOTTO BAWANG PUTIH DENGAN PUYUH.............................19
5. KRIM SUP KUPANG DENGAN SAFRON....................................22
PARSNIP......................................................................................24
6. NASI PERANG, BADAM, DAN KROKET SAYUR........................25
7. TURKI CHOWDER DENGAN SWISS CHARD DAN PARSNIP..........28
8. PIC DAN KEK TERBALIK PARSNIP.........................................30
9. GARBANZO PARSNIP GNOCCHI DENGAN DELIMA....................33
10. PARSNIP AND CARROT FRITTERS.......................................36
11. SUP MUSIM SEJUK PARSNIP..............................................38
RUTABAGA..................................................................................40
12. BBQ PASTIES....................................................................41
13. R UTABAGA STEW KENTANG............................................43
14. REBUSAN DAGING SAYUR AKAR........................................45
15. SOSEJ TURKI DENGAN SAYUR AKAR..................................47
16. SUP GULAI HUNGARY YANG KAYA.....................................49
17. BAKAR SOBA DENGAN SAYUR AKAR..................................52
18. IKAN SIAKAP DENGAN SAYUR AKAR PANGGANG................55

19. STEW DAGING KARNIVOR DENGAN SAYUR AKAR............57
20. SUP TAPIOCA & SAYUR MUSIM GUGUR............60
21. SALAD CINCANG DIFERMENTASI DENGAN RUTABAGA............62
22. SUP AYAM JATUH DAN SAYUR AKAR............64
23. CHOWDER TURKI FESTIVAL MUSIM GUGUR............67
24. CHOWDER SAYUR KAMBING DAN AKAR............69
25. SUP EKOR LEMBU DENGAN RUTABAGA............71
26. KENTANG BEGEDIL............73
27. TUAI SAYURAN DAN QUINOA............76
28. POT-AU-FEU KLASIK............78
29. GIGITAN BACON CHEESY............81
TURNIPS............83
30. LOBAK DAN BAWANG KASEROL............84
31. WAIN TURNIP MAGICIAN............86
32. TURNIP REBUS KESYUKURAN............89
33. SUP KUIH TURNIP TAIWAN............91
34. HIJAU CAMPURAN DENGAN GORENG TURNIP............94
35. KESEMAK & DAIKON TEMAKI............96
36. SNOW PEA SHOOT DAIKON ROLLS............98
RADISH............100
37. AYAM YUZU PANGGANG DENGAN SLAW JEPUN............101
38. IKAN KUKUS............103
39. RISOTTO JEPUN DENGAN CENDAWAN............105
40. AYAM PANGGANG DENGAN PISTACHIO PESTO............107
41. PIZZA SEGAR TAMAN............110
42. SUP LOBAK BERKRIM............112

43. SUP LOBAK PEDAS DAN LOBAK MERAH...................114
44. SUP LOBAK DAN KENTANG.................................116
45. SUP SAYUR LOBAK........................................118
46. SUP LOBAK SEJUK.........................................120
47. SUP LOBAK DAN BIT......................................122
48. SUP LOBAK DAN TOMATO................................124
49. SUP LOBAK DAN KARI KELAPA..........................126
50. SUP LOBAK DAN BAYAM..................................128
51. SUP LOBAK DAN CENDAWAN............................130
52. KENTANG PANGGANG DAN SALAD PROSCIUTTO....132
53. SALAD TEMBIKAI DENGAN LOBAK MICROGREENS...134
54. MICROGREENS & SALAD KACANG SALJI...............136
55. SALAD MUSIM BUNGA MICROGREEN...................138
BEET.............................................................140
56. HASH BIT DENGAN TELUR................................141
57. PIZZA SARAPAN KERAK BIT.............................143
58. B EET CHIPS...............................................145
59. BIT DILL & BAWANG PUTIH..............................147
60. SALAD PEMBUKA SELERA BIT..........................149
61. BOT BIT....................................................151
62. GORENG BIT...............................................153
63. BIT YANG DISUMBAT.....................................155
64. TENGGIRI SEPANYOL DIPANGGANG DENGAN EPAL DAN BIT...157
65. RISOTTO UBI BIT.........................................159
66. PELUNCUR BIT DENGAN MIKROHIJAU.................161
67. UDANG DENGAN AMARANTH & KEJU KAMBING......164

68. KERANG BAKAR DENGAN SOS BIT SEGAR ..................167
KELEDEK ..................................................................................169
69. KENTANG MANIS DAN BAYAM FRITTATA ....................170
70. MANGKUK SARAPAN UBI MANIS ...................................172
71. KASEROL SARAPAN UBI MANIS DAN SOSEJ ..............174
72. BISKUT SARAPAN UBI MANIS .........................................176
73. KUALI SARAPAN UBI MANIS DAN BACON ....................178
74. MANGKUK SMOOTHIE UBI MANIS ..................................180
75. MANGKUK BURRITO SARAPAN UBI MANIS ..................182
76. CEVICHE PERUANO ..........................................................184
77. KENTANG MANIS HALIA ...................................................186
78. GIGITAN MARSHMALLOW UBI MANIS ...........................188
79. UBI MANIS SUMBAT ..........................................................190
80. UBI TEMPURA .....................................................................192
81. TURKI DAN KELEDEK TEMPURA ....................................194
82. NACHOS KENTANG MANIS ..............................................196
83. KEREPEK KELEDEK BAKAR ............................................198
84. KEREPEK UBI BEREMPAH KARI .....................................200
85. KEREPEK KENTANG BBQ ................................................202
86. UBI BULAT ..........................................................................204
87. SLIDER TURKI DENGAN UBI ...........................................206
88. TACO TINGA UBI MANIS DAN LOBAK MERAH ............208
89. LENTIL & BEBOLA DAGING NASI ...................................210
90. KASEROL MARSHMALLOW UBI MANIS ........................212
91. KASEROL UBI MANIS SERPIHAN JAGUNG ...................214
92. KACANG, ROTI MILLET DENGAN UBI ............................216

93. GNOCCHI UBI MANIS DENGAN PESTO ROKET..........219
94. CHESTNUT DAN UBI MANIS GNOCCHI..........222
95. UBI MANIS & LOBAK MERAH GNOCCHI..........226
JERUSALEM ARTICHOKE..........229
96. CARPACCIO VEGETARIAN..........230
97. ARTICOK JERUSALEM DENGAN DELIMA..........232
98. ARTICHOKE CILANTRO COCKTAIL..........234
99. AYAM PANGGANG DENGAN ARTICHOKE JERUSALEM..........236
100. LASAGNA BAYAM DAN UBI MANIS..........239
KESIMPULAN..........242

# PENGENALAN

Selamat datang ke "BUKU MASAK SAYURAN AKAR," panduan komprehensif anda untuk menguasai seni masakan sayuran akar melalui 100 resipi lazat. Buku masakan ini ialah perayaan dunia sayur-sayuran akar yang pelbagai dan berkhasiat, membimbing anda melalui perjalanan kulinari yang meneroka rasa, tekstur dan serba bolehnya. Sertai kami semasa kami memulakan pengembaraan memasak yang mengangkat akar sederhana kepada kecemerlangan masakan.

Bayangkan meja yang dihiasi dengan sayur-sayuran panggang yang meriah, rebusan yang enak dan hidangan kreatif—semuanya diilhamkan oleh kebaikan tanah dari sayuran akar. "The I Root Veggies Cookbook" bukan sekadar koleksi resipi; ia adalah penerokaan faedah pemakanan, kepelbagaian bermusim dan kemungkinan masakan yang ditawarkan oleh sayur-sayuran akar. Sama ada anda seorang tukang masak rumah yang berpengalaman atau baru memulakan perjalanan masakan anda, resipi ini direka untuk memberi inspirasi kepada anda untuk memanfaatkan khazanah bawah tanah alam semula jadi sepenuhnya.

Daripada sayur-sayuran akar panggang klasik kepada hidangan inovatif yang menampilkan ubi, bit, lobak merah dan banyak lagi, setiap resipi adalah perayaan rasa tanah dan kekayaan nutrisi yang dibawa oleh sayur-sayuran akar ke meja anda. Sama ada anda merancang makan malam keluarga atau ingin menambahkan kelainan pada makanan berasaskan tumbuhan anda, buku masakan ini ialah sumber utama anda untuk menguasai seni masakan sayuran akar.

Sertai kami sambil kami menggali potensi masakan sayur-sayuran akar, di mana setiap ciptaan adalah bukti kepelbagaian dan kebolehsuaian permata bawah tanah ini. Jadi, pakai apron anda, terima kebaikan semula jadi, dan mari memulakan perjalanan yang beraroma melalui "BUKU MASAK SAYURAN AKAR."

# SELERIAK

# 1.Souffle saderi & Keju

**BAHAN-BAHAN:**
- 1¾ cawan celeriac, dikupas dan dipotong dadu
- 2 biji telur jarak jauh
- ½ cawan susu 2% lemak separuh skim
- 1 sudu besar tepung jagung
- 4 sudu besar keju matang separuh lemak, parut
- 2 sudu besar parmesan parut halus
- ¼ sudu teh buah pala yang baru diparut
- ¼ sudu teh garam laut, dibahagikan
- ¼ sudu teh lada hitam yang baru dikisar
- 2 semburan semburan minyak zaitun

**ARAHAN:**

a) Panaskan ketuhar kepada 170C Kipas, 375F, Gas Mark 5. Griskan bahagian dalam 2 ramekin kalis ketuhar dan tetapkannya ke dalam hidangan pembakar.

b) Kupas celeriac dan potong menjadi kepingan. Masukkan ini dan ⅛ sudu teh garam ke dalam periuk air mendidih dan masak selama 4-5 minit sehingga lembut.

c) Toskan celeriac dan puree dalam pemproses makanan mini sehingga halus, kemudian pindahkan ke mangkuk.

d) Jika anda tidak mempunyai pemproses makanan mini, hanya tumbuk celeriac dalam mangkuk dengan garpu sehingga halus.

e) Perasakan celeriac dengan garam, lada sulah, dan buah pala yang baru diparut. Parut keju dan campurkan.

f) Asingkan telur, letakkan putih telur dalam mangkuk bersih dan masukkan kuning telur ke dalam mangkuk dengan celeriac.

g) Pukul kuning telur ke dalam puri celeriac dan ketepikan.

h) Kendurkan tepung jagung bersama susu dan tuang adunan ke dalam periuk.

i) Panaskan dengan api sederhana, pukul sepanjang masa, sehingga sos pekat, kemudian masak selama satu minit lagi.

j) Masukkan 5 sudu besar campuran keju parut ke dalam sos dan pukul sehingga ia cair. Jangan risau bahawa sos anda jauh lebih pekat daripada sos tuang, sos pekat ini adalah konsistensi yang betul untuk membuat soufflé.

k) Lipat sos keju ke dalam adunan celeriac.
l) Letakkan cerek di atas mendidih.
m) Menggunakan pukul bersih, pukul putih telur sehingga ia membentuk puncak kaku tetapi jangan terlalu banyak.
n) Putih telur harus padat dan puncaknya mengekalkan bentuknya tanpa meninggalkan putih cair.
o) Gunakan spatula atau sudu logam, dan lipat 1 sudu besar ke dalam campuran celeriac untuk meringankannya.
p) Kemudian masukkan separuh baki putih telur ke dalam adunan celeriac.
q) Dengan sentuhan ringan, lipat dengan cepat, potong adunan dan terbalikkan, sehingga semuanya sebati tetapi masih ringan dan lapang.
r) Ulangi dengan baki putih telur yang dipukul. Tuangkan adunan secara rata di antara ramekin yang disediakan dan taburkan ke atas baki keju parut.
s) Tetapkan ramekin ke dalam hidangan panggang dan tuangkan dengan teliti kira-kira 2.5 cm/1" air mendidih ke dalam hidangan panggang, berhati-hati agar tidak memercikkan ramekin.
t) Masukkan ke dalam ketuhar dan masak selama 20-25 minit sehingga soufflé kembang dan perang keemasan.
u) Hidangkan terus dari ramekin dan makan segera!

## 2. Sup Saderi Dan Epal Dengan Kacang Walnut Ditumbuk

**BAHAN-BAHAN:**
- 1 biji bawang, dikupas dan dicincang kasar
- 1 celeriac (600–800g), dikupas dan dipotong dadu
- 2 biji epal Cox, dikupas, dibuang inti dan dicincang kasar
- 2 sudu besar minyak zaitun
- 1 sudu besar daun thyme
- 1 liter stok sayuran
- Garam laut dan lada hitam atau putih yang baru dikisar
- Untuk berkhidmat
- Segenggam besar walnut, dicincang kasar
- Minyak zaitun dara tambahan, untuk gerimis

**ARAHAN:**
a) Sediakan bawang, celeriac dan epal seperti yang disenaraikan.
b) Letakkan periuk besar di atas api sederhana dan masukkan minyak zaitun. Apabila panas, masukkan bawang dengan secubit garam dan masak selama 4-5 minit, atau sehingga lembut tetapi tidak berwarna.
c) Masukkan celeriac, epal dan daun thyme dan masak selama 5 minit.
d) Tuangkan stok sayur dan biarkan mendidih. Teruskan mereneh selama 5 minit lagi, atau sehingga celeriac lembut.
e) Keluarkan kuali dari api dan gunakan pengisar kayu untuk mengadun dengan teliti. Perasakan dengan garam dan lada sulah, kemudian rasa dan tambah lagi perasa jika perlu.
f) Sendukkan ke dalam mangkuk hangat, taburkan dengan kacang kenari yang dicincang dan gerimis dengan sedikit minyak zaitun dara tambahan sebelum dihidangkan.

## 3.Pork Schnitzel Dengan Celeriac Remoulade

**BAHAN-BAHAN:**
- 2 x 220g daging babi tanpa tulang
- 50g tepung biasa
- 1 biji telur
- 80g serbuk roti segar
- 1 sudu teh dill kering
- 1 sudu kecil paprika
- Minyak sayuran, untuk menggoreng
- Garam laut dan lada hitam yang baru dikisar
- Untuk remoulade
- 200g celeriac, dikupas dan dicincang
- 2 sudu besar mayonis
- 1 sudu teh mustard bijirin penuh
- 2 sudu besar krim masam
- 1 sudu besar pasli daun rata yang dicincang halus
- Perahan jus lemon

**UNTUK BERKHIDMAT**
- 2 genggam kecil selada air
- Biji lemon (pilihan)

**ARAHAN:**
a) Menggunakan pisau tajam, potong lemak dari setiap potong daging babi. Letakkannya di antara dua kepingan filem berpaut dan gunakan palu atau pin penggelek untuk meratakannya sehingga ketebalan 5mm.
b) Masukkan tepung ke dalam mangkuk cetek, perasakan dengan garam dan lada sulah dan gaul rata. Pukul perlahan telur dalam mangkuk cetek kedua. Masukkan serbuk roti ke dalam mangkuk cetek ketiga dan campurkan dill dan paprika. Perasakan kedua-dua belah chop, kemudian salutkan setiap satunya dengan tepung, kemudian dalam telur dan terakhir dalam serbuk roti.
c) Untuk remoulade, masukkan celeriac, mayonis, mustard, krim masam dan pasli ke dalam mangkuk besar dan gaul rata. Masukkan sedikit jus lemon dan perasakan secukup rasa. Mengetepikan.

d) Panaskan minyak sayuran sedalam 1cm dalam kuali. Apabila panas, masukkan schnitzel dengan teliti dan masak selama 2-3 minit pada setiap sisi. Toskan di atas kertas dapur.

e) Hidangkan schnitzel dengan sesudu besar remoulade, segenggam selada air dan hirisan lemon (jika menggunakan) di sisi.

## 4. Risotto Bawang Putih Dengan Puyuh

**BAHAN-BAHAN:**
- celeriac 1/2 kecil, potong dadu 1cm
- minyak zaitun
- bawang putih 1 mentol, ulas dikupas
- rosemary 1 tangkai
- bawang merah 1, dihiris halus
- daun bawang 1, dihiris halus
- daun thyme 1 sudu teh
- mentega 100g
- nasi risotto 400g
- minyak sayuran
- stok ayam 1.5 liter
- P ecorino 80g, parut halus
- pasli daun rata segenggam kecil, dicincang
- puyuh 4, dibersihkan dan spatchcocked

**ARAHAN:**
a) Panaskan ketuhar kepada 180C/kipas 160C/gas 4. Letakkan celeriac yang dipotong dadu di atas dulang pembakar. Perasakan dan taburkan dengan sedikit minyak sayuran. Panggang selama 15 minit, atau sehingga lembut dan perang.

b) Sementara itu, masukkan bawang putih, rosemary, dan 100ml minyak zaitun ke dalam kuali kecil (supaya bawang putih tenggelam, tambah lebih banyak minyak jika perlu) dan panaskan perlahan-lahan selama 10 minit, atau sehingga bawang putih lembut dan sedikit keemasan.

c) Angkat, dan sejukkan minyak. Anda boleh menggunakan sisa minyak bawang putih untuk memasak, tetapi simpan di dalam peti sejuk dan gunakan dalam masa seminggu.

d) Goreng bawang merah, daun bawang dan thyme dengan 50g mentega dan 50ml minyak zaitun. musim. Bila sayur dah empuk masukkan beras dan kacau hingga semua biji bersalut.

e) Panaskan perlahan-lahan selama 1 minit untuk memecahkan nasi (ini membolehkan penyerapan lebih mudah).

f) Masukkan 500ml stok ke dalam risotto dan kacau sehingga semuanya diserap. Ulang lagi 2 kali. Ini akan mengambil masa kira-

kira 20 minit. Tambahkan lebih banyak stok jika perlu, untuk mendapatkan konsistensi berkrim.

g) Padamkan api apabila nasi empuk, masukkan celeriac, baki mentega, keju dan pasli, dan perasakan. Tutup dengan tudung dan biarkan berehat.

h) Hidupkan ketuhar sehingga 200C/kipas 180C/gas 6. Panaskan kuali griddle dengan api sederhana. Minyak dan perasakan puyuh, kemudian letakkan kulit burung di atas wajan selama 4 minit sehingga keemasan dan hangus.

i) Balikkan dan masak selama 2 minit lagi. Pindahkan ke dalam dulang pembakar, dan panggang selama 10-15 minit sehingga masak dan jusnya menjadi jelas. Rehat selama 2 minit di bawah foil. Bahagikan risotto antara pinggan hangat.

j) Potong puyuh separuh di sepanjang punggungnya dan letakkan di atas risotto. Menggunakan bahagian belakang pisau labu bawang putih confit dan taburkannya.

## 5.Krim Sup Kupang Dengan Safron

**BAHAN-BAHAN:**
- 750g (1lb 10oz) kerang kecil, dibersihkan
- 4 sudu besar wain putih kering
- 50g (2oz) mentega
- 225g (8oz) celeriac yang dikupas, dicincang
- 125g (4½oz) daun bawang, dihiris
- 1 ulas bawang putih kecil, dicincang
- lebih kurang 750ml stok ikan
- secubit baik helai kunyit
- 175g (6oz) tomato masak anggur
- 4 sudu besar crème fraîche

**ARAHAN:**

a) Masukkan kerang dan 2 sudu besar wain ke dalam kuali bersaiz sederhana. Letakkan di atas api yang tinggi dan masak selama 2-3 minit atau sehingga kerang baru dibuka.

b) Cairkan mentega dalam kuali yang bersih, masukkan celeriac, daun bawang, bawang putih dan baki wain. Tutup dan masak perlahan-lahan selama 5 minit.

c) Masukkan semua kecuali satu atau dua sudu terakhir minuman keras kerang ke dalam jag penyukat besar dan buat sehingga 900ml bersama stok ikan. Masukkan ke dalam kuali sayur-sayuran bersama kunyit dan tomato, tutup dan reneh perlahan-lahan selama 30 minit.

d) Biarkan sup sejuk sedikit, kemudian gaul hingga rata. Mula-mula melalui penapis, kemudian masukkan sekali lagi melalui chinois ke dalam kuali yang bersih, biarkan mendidih semula. Masukkan crème fraîche dan sedikit perasa secukup rasa.

e) Keluarkan kuali dari api dan kacau kerang untuk menghangatkannya sebentar, tetapi jangan biarkan mereka memasak lebih daripada yang sedia ada.

# PARSNIP

# 6.Nasi Perang, Badam, Dan Kroket Sayur

**BAHAN-BAHAN:**
- 1½ cawan beras perang bijirin pendek
- 3½ cawan Stok yang telah dibuang lemak
- 1 sudu teh Garam
- 1 sudu besar Minyak
- ½ cawan saderi cincang
- ¾ cawan parsnip parut
- ¾ cawan ubi keledek atau lobak merah parut
- ¾ cawan bawang hijau cincang
- ¼ cawan badam yang dipanggang dan dihiris
- ½ cawan serbuk roti bakar
- ⅓ cawan pasli segar yang dicincang
- 1 sudu besar kicap Berkurang-natrium
- 1 biji telur, dipukul

**ARAHAN:**
a) Dalam periuk sederhana di atas api sederhana besar, masak beras perang, stok yang telah dinyahlemak dan garam sehingga mendidih. Tutup periuk dan kecilkan api. Masak nasi selama 40 hingga 45 minit atau sehingga semua air telah diserap. Biarkan ia sejuk.

b) Dalam kuali nonstick 10 inci di atas api sederhana tinggi, satukan minyak, saderi cincang, ubi parut dan ubi keledek atau lobak merah parut. Masak dan kacau selama 3 hingga 5 minit atau sehingga sayur-sayuran lembut tetapi tidak keperangan. Masukkan bawang hijau yang dikisar dan masak selama 1 minit lagi. Keluarkan dari haba.

c) Dalam mangkuk besar, satukan sayur-sayuran tumis, badam panggang dan cincang, serbuk roti panggang, pasli segar yang dicincang, kicap rendah natrium, telur yang dipukul dan beras perang yang telah dimasak. Campurkan semuanya dengan baik untuk memastikan pengedaran sekata.

d) Bentuk adunan menjadi patties 3 inci, bentukkannya dengan tangan anda.

e) Basuh dan keringkan kuali yang digunakan untuk menumis sayur. Salutkan kuali dengan semburan sayur nonstick dan letakkan di atas api yang sederhana tinggi.

f) Setelah kuali panas, masukkan kroket ke dalam kuali. Masak selama 3 hingga 5 minit pada setiap sisi atau sehingga ia bertukar menjadi perang keemasan dan rangup.

g) Keluarkan kroket dari kuali dan sajikan panas.

## 7.Turki Chowder Dengan Swiss Chard Dan Parsnip

**BAHAN-BAHAN :**
- 1 sudu besar minyak kanola
- 1 paun paha ayam belanda
- 1 lobak merah, dipotong dan dicincang
- 1 daun bawang, dicincang
- 1 parsnip, dicincang
- 2 ulas bawang putih, dikisar
- 1 ½ liter sup ayam belanda
- Biji bilis 2 bintang
- Garam laut, secukup rasa
- ¼ sudu teh lada hitam dikisar, atau lebih secukup rasa
- 1 daun salam
- 1 tandan selasih Thai segar
- ¼ sudu teh dill kering
- ½ sudu teh serbuk kunyit
- 2 cawan Swiss chard, dikoyakkan

**ARAHAN :**

a) Tekan butang "Tumis" dan panaskan minyak kanola. Sekarang, paha ayam belanda coklat selama 2 hingga 3 minit pada setiap sisi; simpanan.

b) Tambah percikan air rebusan ayam belanda untuk mengikis apa-apa bahagian yang berwarna perang dari bahagian bawah.

c) Kemudian, masukkan lobak merah, daun bawang, parsnip dan bawang putih ke dalam Periuk Segera. Tumis hingga empuk.

d) Masukkan baki sup ayam belanda, bunga lawang, garam, lada hitam, daun bay, selasih Thai, dill dan serbuk kunyit.

e) Selamatkan tudung. Pilih tetapan "Sup" dan masak selama 30 minit. Setelah memasak selesai, gunakan pelepas tekanan semula jadi; keluarkan tudung dengan berhati-hati.

f) Kacau dalam Swiss chard semasa masih panas hingga daun layu. Nikmati!

## 8.pic Dan Kek Terbalik Parsnip

**BAHAN-BAHAN:**
- 200g (berat disalirkan) pear tin dalam jus
- 225g (berat kering) hirisan pic dalam tin dalam jus
- 225g parsnip parut
- 85g sultana
- 225g tepung naik sendiri
- 2 sudu teh serbuk penaik
- ¼ sudu teh soda bikarbonat
- 2 sudu teh rempah campuran
- 100ml minyak sayuran
- 3 biji telur besar, dipukul
- 1 sudu teh ekstrak vanila

**ARAHAN:**
a) Panaskan ketuhar pada 200°C/180°C kipas. Gris dan alaskan loyang bulat 8 inci (20cm) dengan kertas pembakar. Toskan buah tin.
b) Dalam mangkuk, tumbuk pir dengan garpu.
c) Susun hirisan pic dalam corak kincir angin atau bulatan di bahagian bawah tin kek, biarkan ruang di antaranya tetapi agihkannya secara sama rata.
d) Dalam mangkuk yang berasingan, campurkan semua bahan yang tinggal (parsnip parut, sultana, tepung naik sendiri, serbuk penaik, soda bikarbonat, rempah campuran, minyak sayuran, telur yang dipukul dan ekstrak vanila) dengan pir tumbuk menggunakan senduk kayu sehingga sebati.
e) Sudukan adunan di atas pic dalam loyang kek, pastikan ia bertutup sama rata.
f) Bakar kek selama 35 minit sehingga ia bertukar menjadi coklat.
g) Sebelum mengeluarkan kek dari ketuhar, alaskan dulang pembakar dengan kertas pembakar.
h) Keluarkan kek dari ketuhar dan segera keluarkan ke atas dulang pembakar yang beralas, jadi pic kini berada di atas kek. Keluarkan kertas pembakar dari kek dan masukkan semula ke dalam ketuhar selama 15 minit lagi sehingga adunan di bahagian atas masak sepenuhnya.

i) Keluarkan kek dari ketuhar dan biarkan ia sejuk di atas rak dawai sebelum dihidangkan.

## 9. Garbanzo Parsnip Gnocchi Dengan Delima

**BAHAN-BAHAN:**
- 2 cawan kacang garbanzo masak (kacang ayam), toskan dan bilas
- 1 cawan parsnip masak, tumbuk
- 1 ½ cawan tepung serba guna
- ¼ cawan yis pemakanan (pilihan, untuk rasa tambahan)
- 1 sudu teh garam
- ½ sudu teh serbuk bawang putih
- ¼ sudu teh lada hitam
- Minyak zaitun (untuk memasak)
- Sos pilihan anda (cth, marinara, pesto) untuk dihidangkan
- Biji delima (untuk hidangan)

**ARAHAN:**
a) Dalam mangkuk adunan yang besar, satukan kacang garbanzo yang telah dimasak dan ubi yang telah dilenyek. Tumbuk bersama menggunakan penumbuk kentang atau garpu sehingga sebati.

b) Masukkan tepung, yis pemakanan (jika menggunakan), garam, serbuk bawang putih, dan lada hitam ke dalam mangkuk. Kacau rata hingga sebati dan jadikan doh.

c) Taburkan permukaan bersih dengan tepung dan pindahkan doh gnocchi ke atasnya. Uli doh perlahan-lahan selama beberapa minit sehingga menjadi licin dan lentur. Berhati-hati agar tidak terlalu menguli.

d) Bahagikan doh kepada bahagian yang lebih kecil. Ambil satu bahagian dan gulung menjadi tali panjang kira-kira ½ inci tebal. Ulang dengan doh yang tinggal.

e) Gunakan pisau atau pengikis bangku untuk memotong tali menjadi kepingan kecil, kira-kira 1 inci panjang. Anda boleh membiarkannya seperti sedia ada atau menggunakan bahagian belakang garpu untuk membuat rabung pada setiap bahagian.

f) Didihkan periuk besar air masin. Masukkan gnocchi dalam kelompok, berhati-hati agar tidak sesak periuk. Masak gnocchi selama kira-kira 2-3 minit atau sehingga ia terapung ke permukaan. Setelah ia terapung, masak selama 1 minit tambahan dan kemudian keluarkannya menggunakan sudu berlubang atau penapis labah-labah. Ulang sehingga semua gnocchi masak.

g) Panaskan sedikit minyak zaitun dalam kuali dengan api sederhana. Masukkan gnocchi yang telah dimasak dalam satu lapisan dan masak selama beberapa minit sehingga ia menjadi perang dan garing. Balikkan dan masak selama satu atau dua minit lagi. Ulangi dengan baki gnocchi.

h) Hidangkan Garbanzo Parsnip Gnocchi panas dengan sos pilihan anda, seperti marinara atau pesto.

i) Anda juga boleh menambah beberapa keju Parmesan parut, biji delima, dan herba segar untuk hiasan jika dikehendaki.

## 10. Parsnip And Carrot Fritters

**BAHAN-BAHAN:**
- 225 gram Parsnip; parut
- 2 sederhana Lobak merah; parut
- 1 Bawang besar; parut
- 3 sudu besar daun kucai segar dihiris
- Garam dan lada hitam yang baru dikisar
- 2 medium Telur
- ½ pakej Sosej Babi
- 100 gram keju Cheddar Kuat
- 40 gram tepung biasa
- 2 sudu besar pasli cincang segar

**ARAHAN:**

a) Gaulkan parsnip, lobak merah, bawang besar, kucai, perasa, dan sebiji telur, sehingga sebati. Bahagikan kepada empat, ratakan menjadi penkek kasar.

b) Panaskan kuali besar dan masak sosej selama 10 minit, putar sekali-sekala sehingga kekuningan.

c) Sementara itu, masukkan penkek ke dalam kuali dan goreng selama 3 minit pada setiap sisi sehingga keemasan

d) Campurkan bahan-bahan yang tinggal untuk membentuk pes padat dan gulung menjadi bentuk log yang besar. Potong empat.

e) Potong sosej dan bahagikan antara gorengan. Teratas setiap satu dengan hirisan keju.

f) Letakkan di bawah gril yang telah dipanaskan dan masak selama 5-8 minit sehingga menggelegak dan cair.

g) Hidangkan segera dihiasi dengan daun kucai dan chutney.

## 11. Sup Musim Sejuk Parsnip

**BAHAN-BAHAN:**
- 1½ cawan bawang kuning – dihiris nipis
- 1 cawan saderi - dihiris nipis
- 16 auns sup sayur-sayuran
- 3 cawan bayi bayam
- 4 cawan parsnip dipotong dadu , dikupas dan dipotong dadu
- 1 sudu besar minyak kelapa
- ½ cawan santan

**ARAHAN:**
a) H makan minyak dalam kuali besar dengan api sederhana dan masak bawang dan saderi .
b) Masukkan parsnip dan sup dan biarkan mendidih.
c) Kecilkan api kepada perlahan dan tutup selama 20 minit.
d) Masukkan bayam, kacau rata untuk menggabungkan, keluarkan dari api, dan puri sup dalam kelompok dalam pengisar sehingga halus.
e) Masukkan santan dan hidangkan segera.

# RUTABAGA

## 12. Bbq Pasties

**BAHAN-BAHAN:**
- 4 kulit pai beku; dicairkan
- 1¼ paun Daging babi yang ditarik
- 4 s sederhana Kentang; dipotong dadu
- 1 Bawang besar; dipotong dadu
- ¼ cawan Rutabaga; dipotong dadu
- 1 lobak merah dipotong dadu
- ½ sudu besar Sage
- ½ sudu besar Thyme
- Garam dan lada

**ARAHAN:**
a) Campurkan semua bahan dan letakkan ¼ dalam setiap kulit pai. tindih pastri di atas inti untuk membuat pai berbentuk bulan pecahan
.
b) Tutup tepi dan potong beberapa celah kecil di bahagian atas.
c) Bakar selama 15 minit.

## 13. Rutabaga Stew Kentang

**BAHAN-BAHAN:**
- 1 paun daging lembu tanpa lemak
- 1 bawang, dicincang
- 4 batang saderi, dihiris
- 3/4 cawan sos tomato
- 7 cawan air
- 1/2 cawan baby carrot
- 1 rutabaga kecil, dicincang
- 4 biji kentang besar, dicincang
- 1 kubis kepala kecil, dicincang halus

**ARAHAN:**
a) Dalam periuk stok, kacau dan masak saderi, bawang dan hamburger dengan api sederhana sehingga daging keperangan. Toskan gris tambahan.
b) Campurkan kentang, rutabaga, lobak bayi, air dan sos tomato. Didih.
c) Reneh selama 20 minit dengan api perlahan.
d) Kacau dalam kubis cincang. Reneh sehingga sayur empuk selama 30-45 minit.

## 14. Rebusan Daging Sayur Akar

**BAHAN-BAHAN:**
- 1 paun daging lembu kisar tanpa lemak (90% tanpa lemak)
- 1 bawang sederhana, dicincang
- 2 tin (14-1/2 auns setiap satu) sup daging lembu rendah natrium
- 1 keledek sederhana, dikupas dan dipotong dadu
- 1 cawan lobak merah kiub
- 1 cawan rutabaga dikupas kiub
- 1 cawan parsnip dikupas kiub
- 1 cawan ubi kentang yang dikupas
- 2 sudu besar pes tomato
- 1 sudu teh sos Worcestershire
- 1/2 sudu teh thyme kering
- 1/4 sudu teh garam
- 1/4 sudu teh lada
- 1 sudu besar tepung jagung
- 2 sudu besar air

**ARAHAN:**

a) Dalam cerek besar atau ketuhar Belanda, masak bawang dan daging lembu dengan api sederhana sehingga tiada lagi merah jambu; kemudian longkang.

b) Masukkan lada, garam, thyme, sos Worcestershire, pes tomato, sayur-sayuran dan sup. Biarkan mendidih. Kurangkan haba; reneh sambil ditutup selama 30-40 minit, sehingga sayur-sayuran empuk.

c) Dalam mangkuk kecil, satukan air dan tepung jagung sehingga licin; campurkan ke dalam rebusan. Tetapkan sehingga mendidih; masak dan gaul selama 2 minit, sehingga pekat.

## 15. Sosej Turki Dengan Sayur Akar

**BAHAN-BAHAN:**
- 1 bungkusan (14 auns) kielbasa ayam belanda salai, dipotong menjadi kepingan 1/2 inci
- 1 bawang sederhana, dicincang
- 1 cawan rutabaga dikupas kiub
- 1 cawan lobak merah yang dihiris
- 1 sudu teh minyak canola
- 4 cawan ubi kentang dikupas
- 1 tin (14-3/4 auns) air rebusan ayam kurang natrium
- 1 sudu teh thyme kering
- 1/4 sudu teh sage yang digosok
- 1/4 sudu teh lada
- 1 daun salam
- 1/2 kobis kepala sederhana, potong 6 bahagian
- 1 sudu teh tepung serba guna
- 1 sudu besar air
- 1 sudu besar pasli segar cincang
- 2 sudu teh cuka sari apel

**ARAHAN:**
a) Masak lobak merah, rutabaga, bawang dan sosej dalam ketuhar Belanda dengan minyak sehingga bawang lembut, atau kira-kira 5 minit. Masukkan daun bay, lada sulah, sage, thyme, sup dan kentang. Didih. Teratas dengan hirisan kubis. Perlahankan api dan reneh, bertutup, sehingga kubis dan kentang empuk, atau kira-kira 20 hingga 25 minit.

b) Pindahkan kubis dengan berhati-hati ke mangkuk hidangan cetek; kemudian panaskan. Keluarkan daun bay. Bancuh air dan tepung hingga menjadi

c) licin; kacau ke dalam adunan sosej. Didihkan dan masak sambil dikacau sehingga pekat, atau lebih kurang 2 minit. Masukkan cuka dan pasli. Masukkan di atas kobis menggunakan sudu.

# 16. Sup Gulai Hungary yang Kaya

**BAHAN-BAHAN:**
- 1-1/4 paun daging rebusan daging lembu, dipotong menjadi kiub 1 inci
- 2 sudu besar minyak zaitun, dibahagikan
- 4 bawang sederhana, dicincang
- 6 ulas bawang putih, dikisar
- 2 sudu teh paprika
- 1/2 sudu teh biji jintan, ditumbuk
- 1/2 sudu kecil lada
- 1/4 sudu teh lada cayenne
- 1 sudu teh campuran perasa tanpa garam
- 2 tin (14-1/2 auns setiap satu) sup daging lembu rendah natrium
- 2 cawan ubi kentang yang dikupas
- 2 cawan lobak merah yang dihiris
- 2 cawan rutabagas yang dikupas
- 2 tin (28 auns setiap satu) tomato dipotong dadu, tidak dikeringkan
- 1 lada merah manis besar, dicincang
- 1 cawan (8 auns) krim masam tanpa lemak

**ARAHAN:**

a) Dalam ketuhar Belanda, daging lembu perang dalam 1 sudu besar minyak di atas api sederhana. Keluarkan daging lembu; biarkan longkang menitis.

b) Seterusnya, panaskan baki minyak dalam kuali yang sama; tumis bawang putih dan bawang besar dengan api sederhana hingga keperangan, 8-10 minit. Masukkan campuran perasa, cayenne, lada, jintan, dan paprika; masak dan kacau seminit.

c) Masukkan semula daging lembu ke dalam kuali. Tambah rutabagas, lobak merah, kentang dan sup; masak sehingga mendidih. Seterusnya, rendahkan haba; tutup dan rebus selama 1 1/2

d) jam, atau sehingga daging hampir empuk dan sayur-sayuran empuk.

e) Masukkan lada merah dan tomato; kembali mendidih. Kemudian kurangkan haba; tutup dan rebus selama 30-40 minit lagi, atau sehingga daging dan sayur-sayuran empuk. Nikmati dengan krim masam.

## 17. Bakar Soba Dengan Sayur Akar

**BAHAN-BAHAN:**
- Semburan masak minyak zaitun
- 2 biji kentang besar, potong dadu
- 2 lobak merah, dihiris
- 1 rutabaga kecil, dipotong dadu
- 2 batang saderi, dihiris
- ½ sudu teh paprika salai
- ¼ cawan ditambah 1 sudu besar minyak zaitun, dibahagikan
- 2 tangkai rosemary
- 1 cawan gandum soba
- 2 cawan sup sayur
- 2 ulas bawang putih, dikisar
- ½ bawang kuning, dicincang
- 1 sudu teh garam

**ARAHAN:**
a) Panaskan penggoreng udara hingga 380°F. Sapukan sedikit bahagian dalam hidangan kaserol berkapasiti 5 cawan dengan semburan masak minyak zaitun. (Bentuk hidangan kaserol bergantung pada saiz penggoreng udara, tetapi ia perlu boleh memuatkan sekurang-kurangnya 5 cawan.)

b) Dalam mangkuk besar, toskan kentang, lobak merah, rutabaga, dan saderi dengan paprika dan ¼ cawan minyak zaitun.

c) Tuangkan campuran sayur-sayuran ke dalam hidangan kaserol yang disediakan dan atasnya dengan tangkai rosemary. Letakkan hidangan kaserol ke dalam penggoreng udara dan bakar selama 15 minit.

d) Semasa sayur-sayuran dimasak, bilas dan toskan gergaji soba.

e) Dalam periuk sederhana di atas api sederhana tinggi, satukan groat, sup sayur-sayuran, bawang putih, bawang merah, dan garam dengan baki 1 sudu besar minyak zaitun. Didihkan adunan, kemudian kecilkan api, tutup dan masak selama 10 hingga 12 minit.

f) Keluarkan hidangan kaserol dari penggoreng udara. Keluarkan tangkai rosemary dan buang. Tuangkan soba yang dimasak ke dalam hidangan dengan sayur-sayuran dan kacau hingga sebati. Tutup dengan aluminium foil dan bakar selama 15 minit lagi.

g) Kacau sebelum dihidangkan.

## 18. Ikan Siakap Dengan Sayur Akar Panggang

**BAHAN-BAHAN:**
- 1 lobak merah, potong dadu kecil
- 1 biji ubi, dipotong dadu kecil
- 1 rutabaga, potong dadu kecil
- ¼ cawan minyak zaitun
- 2 sudu teh garam, dibahagikan
- 4 isi ikan siakap
- ½ sudu teh serbuk bawang
- 2 ulas bawang putih, dikisar
- 1 lemon, dihiris, ditambah baji tambahan untuk dihidangkan

**ARAHAN:**
a) Panaskan penggoreng udara hingga 380°F.
b) Dalam mangkuk kecil, masukkan lobak merah, parsnip, dan rutabaga dengan minyak zaitun dan 1 sudu teh garam.
c) Perasakan ikan siakap dengan baki 1 sudu teh garam dan serbuk bawang, kemudian masukkan ke dalam bakul penggoreng udara dalam satu lapisan.
d) Sapukan bawang putih di atas setiap fillet, kemudian tutup dengan hirisan lemon.
e) Tuangkan sayur-sayuran yang telah disediakan ke dalam bakul di sekeliling dan di atas ikan. Bakar selama 15 minit.
f) Hidangkan dengan hirisan lemon tambahan jika mahu.

## 19. Stew Daging Karnivor Dengan Sayur Akar

**BAHAN-BAHAN:**
- 2 lb daging rebusan daging lembu
- 1/3 cawan tepung serba guna
- Secubit garam laut halus
- 3 Sudu besar lemak haiwan
- 3 cawan stok daging lembu dibahagikan
- 6 biji bawang merah Perancis dikupas dan dibelah dua
- 2 biji bawang kecil dikupas, potong 8
- 2 ulas bawang putih dikisar
- 1 lb rutabaga dikupas dan dipotong menjadi kiub 1 inci
- 3 lobak merah sederhana dikupas dan dipotong menjadi syiling
- 1 sudu teh mustard Dijon

**ARAHAN:**
a) Panaskan ketuhar hingga 275°F.
b) Masukkan 1 sudu kecil garam laut halus ke dalam tepung. Taburkan 4 Sudu Besar tepung berperisa ke atas daging lembu dan masukkan daging lembu dengan teliti ke dalam tepung.
c) Dengan api sederhana, cairkan 1 Sudu Besar lemak haiwan dalam ketuhar Belanda yang besar.
d) Masukkan daging lembu dan perangkan daging di seluruh, putar setiap bahagian dengan penyepit. Mengetepikan.
e) Tuangkan kira-kira 1/2 cawan stok daging lembu ke dalam kuali untuk mencairkan; kikis bahagian bawah untuk mendapatkan semua bit perang. Tuangkan kuah ini ke atas daging lembu perang.
f) Pindahkan ke mangkuk.
g) Dengan api sederhana, cairkan satu sudu besar lemak haiwan dalam periuk. Masukkan bawang merah dan bawang besar.
h) Tumis selama 2 minit dan kemudian masukkan bawang putih; masukkan rutabaga, lobak merah juga. Tumis selama 3-4 minit sehingga sayur-sayuran empuk di sekeliling tepi.
i) Taburkan baki tepung berperisa ke atas sayur-sayuran (kira-kira 2 Sudu Besar) dan kacau rata.
j) Masak lebih kurang seminit, kemudian tuangkan baki stok daging.

k) Kembalikan daging lembu dan semua jus ke dalam periuk. Tambah Dijon. Kacau hingga sebati. Tutup periuk dengan penutup yang ketat dan masukkan ke dalam ketuhar.

l) Rebus rebusan perlahan-lahan selama 3 jam. Keluarkan tudung dan masak selama sejam tambahan. Biarkan rebusan sejuk selama kira-kira 15 minit sebelum dihidangkan.

m) Hidangkan bersama kentang tumbuk.

## 20.Sup Tapioca & Sayur Musim Gugur

**BAHAN-BAHAN:**
- 3 cawan sup sayur
- 1 tangkai rosemary
- 4 helai daun sage
- 1 oren, jus dan kulit parut
- 1 rutabaga kecil, potong julienne
- 3 lobak merah, dihiris
- 1 ubi keledek, dikupas, dipotong memanjang, dan dihiris
- 10 lobak, dibelah empat
- 2 cawan (500 ml) susu soya
- 1 sudu teh (5 ml) serbuk kari
- 1 sudu teh halia kisar
- 1/2 sudu teh kunyit kisar
- 1/4 cawan mutiara ubi kayu besar
- 1/2 biji bawang merah, dihiris halus
- 1 sudu besar pasli daun rata yang dicincang
- 1 sudu besar biji labu

**ARAHAN:**

a) Panaskan sup sayur dengan jus rosemary, sage, dan oren.

b) Didihkan dan masukkan rutabaga, lobak merah, ubi keledek, dan lobak. Masak selama kira-kira 15 minit. Mengetepikan.

c) Dalam periuk lain, panaskan susu soya bersama kari, halia dan kunyit.

d) Reneh, taburkan ubi kayu, dan masak perlahan-lahan selama 20 minit atau sehingga ubi kayu menjadi lut sinar.

e) Panaskan kuah bersama sayur-sayuran, keluarkan rosemary dan sage, dan pada saat akhir, masukkan adunan ubi kayu, kulit oren, bawang, biji labu dan pasli.

## 21. Salad Cincang Difermentasi Dengan Rutabaga

**BAHAN-BAHAN:**
- 1 lobak, dicincang halus
- ½ bawang kecil, dicincang halus
- 1 lobak, dicincang dalam ketulan ½ inci
- 1 lobak merah, dicincang dalam ketulan ½ inci
- 3 epal kecil, dicincang dalam ketulan ½ inci
- Segenggam kacang hijau, dicincang panjang 1 inci
- 1 rutabaga, dicincang dalam ketulan ½ inci
- 1 hingga 2 daun anggur, daun kangkung, atau sayur-sayuran berdaun besar lain (pilihan)
- 3 sudu besar garam laut halus yang tidak ditapis atau 6 sudu besar garam laut kasar yang tidak ditapis
- 1 liter (atau liter) air yang ditapis

**ARAHAN:**

a)     Dalam mangkuk sederhana, campurkan lobak, bawang, lobak, lobak merah, epal, kacang hijau, dan rutabaga; pindahkan ke tempayan kecil.

b)     Letakkan daun anggur atau sayur-sayuran berdaun lain di atas bahagian atas bahan salad yang dicincang untuk membantu menahannya di bawah air garam, dan timbangkan dengan pemberat selamat makanan atau balang atau mangkuk air.

c)     Dalam periuk atau cawan penyukat besar, larutkan garam di dalam air, kacau jika perlu untuk menggalakkan garam larut. Tuangkan air garam ke atas salad, tutup dengan tudung atau kain, dan biarkan ia ditapai selama satu minggu.

d)     Keluarkan pemberat, dan keluarkan dan buang daun anggur atau sayur-sayuran berdaun lain. Hidangkan ke dalam balang atau mangkuk, tutup, dan sejukkan, di mana salad harus bertahan enam bulan hingga satu tahun.

## 22. Sup Ayam Jatuh Dan Sayur Akar

**BAHAN-BAHAN:**
- 1 Pakej Krim Sup Base, disediakan
- 1 lb. Dada ayam, tanpa tulang, tanpa kulit
- ¼ cawan jus lemon
- 4 ea. Ulas bawang putih, ditumbuk
- ¼ cawan minyak zaitun
- 8 oz. Bawang besar, potong dadu
- 8 oz. Ubi keledek, dikupas dan dipotong dadu
- 4 oz. Parsnip, dikupas dan dipotong dadu
- 4 oz. Lobak merah, dikupas dan dipotong dadu
- 4 oz. Rutabaga, dikupas dan dipotong dadu
- 4 oz. Lobak, dikupas dan dipotong dadu
- 2 ea. Ulas bawang putih, dikisar
- 3 cawan Pangkalan Ayam, disediakan
- ¼ cawan Sage, segar, dicincang
- Seperti yang diperlukan garam Kosher dan lada retak
- Seperti yang diperlukan Baby Arugula, goreng kilat (pilihan)

**ARAHAN:**

a) Sediakan Base Sup Krim mengikut arahan pakej.

b) Satukan dada ayam, jus lemon, bawang putih, dan minyak zaitun dalam beg atas zip dan perap di bawah peti sejuk selama 1 jam.

c) Panaskan ketuhar perolakan hingga 375°F. Letakkan ayam yang telah ditoskan di atas kuali beralas kertas, perasakan dengan garam dan lada sulah. Panggang selama 12 minit setiap sisi atau sehingga suhu dalaman mencapai 165°F. Sejukkan dan tarik ayam.

d) Cairkan mentega dalam periuk berasingan. Masukkan bawang, ubi keledek, parsnip, lobak merah, rutabaga dan lobak. Masak sehingga bawang lut sinar.

e) Masukkan Pangkalan Ayam yang telah disediakan ke dalam adunan sayur-sayuran, biarkan mendidih dan kecilkan api dan renehkan sehingga sayur-sayuran empuk.

f) Masukkan Base Sup Krim yang telah disediakan, ayam yang ditarik dan sage yang dicincang. Letakkan di atas api sederhana dan masak sehingga Chowder mencapai 165°F. Tahan untuk perkhidmatan.

g) Perasakan secukup rasa dan hiaskan dengan arugula goreng kilat seperti yang dikehendaki.

## 23. Chowder Turki Festival Musim Gugur

**BAHAN-BAHAN:**
- 2.5 oz. Mentega
- 12.5 oz. Bawang, putih, potong dadu
- 12.5 oz. Parsnips, dikupas, dipotong dadu
- 12.5 oz. Lobak, dikupas, dipotong dadu
- 12.5 oz. Rutabagas, dikupas, dipotong dadu
- 12.5 oz. Lobak merah, dikupas, dipotong dadu
- 12.5 oz. Ubi keledek, dikupas, dipotong dadu
- 2.5 qts. Pangkalan Turki
- 1 ea. Asas Sup Krim, 25.22 oz. beg, disediakan
- 40 oz. Dada Turki, panggang, potong dadu
- ½ cawan Sage, segar, dicincang
- Seperti yang diperlukan garam Kosher
- Seperti yang diperlukan Lada retak
- Seperti yang diperlukan keju Cheddar, dicincang

**ARAHAN:**
a) Dalam periuk stok besar di atas api sederhana, cairkan mentega. Tumis bawang besar, parsnip, lobak, rutabagas, lobak merah dan ubi keledek selama 10 minit.
b) Masukkan asas ayam belanda ke dalam campuran sayur-sayuran, biarkan mendidih, kecilkan api dan reneh sehingga sayur-sayuran lembut, kira-kira 20 minit.
c) Tambah Base Sup Krim, ayam belanda dan bijak. Gaul hingga sebati, reneh selama 30 minit atau sehingga panas. Rasa dan sesuaikan perasa.
d) Hiaskan dengan keju Cheddar.

## 24. Chowder Sayur Kambing Dan Akar

**BAHAN-BAHAN:**
- 1 lb daging rebus kambing, dihiris dadu
- 1 biji bawang besar, potong dadu
- 2 ulas bawang putih, dikisar
- 2 cawan air rebusan ayam
- 1 cawan parsnip dipotong dadu
- 1 cawan rutabaga potong dadu
- 1 cawan lobak merah potong dadu
- 1 cawan kentang potong dadu
- 1 sudu kecil. thyme
- Garam dan lada
- Minyak zaitun

**ARAHAN:**

a) Dalam periuk besar atau ketuhar Belanda, panaskan sedikit minyak zaitun di atas api yang sederhana tinggi.

b) Masukkan kambing dan masak sehingga keperangan di semua sisi.

c) Keluarkan kambing dengan sudu berlubang dan ketepikan.

d) Masukkan bawang merah dan bawang putih ke dalam periuk dan masak sehingga lembut, kira-kira 5 minit.

e) Masukkan sup ayam, parsnip, rutabaga, lobak merah, kentang, dan thyme dan biarkan mendidih.

f) Kecilkan api dan reneh selama 45-50 minit, atau sehingga sayur-sayuran empuk.

g) Masukkan semula kambing ke dalam periuk dan masak selama 5-10 minit lagi, atau sehingga panas.

h) Perasakan dengan garam dan lada sulah secukup rasa dan hidangkan panas.

## 25. Sup Ekor Lembu Dengan Rutabaga

**BAHAN-BAHAN:**
- 3 ½ paun Ekor Lembu
- 3 Daun Bay
- 1 Batang Saderi, dihiris
- 2 cawan Kacang Hijau
- 1 Rutabaga, dipotong dadu
- 14 auns tomato dalam tin dipotong dadu
- ¼ cawan minyak sapi
- 1 Tangkai Thyme
- 1 Tangkai Rosemary
- 2 daun bawang, dihiris
- 2 ½ liter Air
- 2 sudu besar. Jus lemon
- ¼ sudu kecil cengkih kisar
- Garam dan lada sulah, secukup rasa

**ARAHAN:**
a) Cairkan minyak sapi dalam IP anda pada SAUTE.
b) Masukkan ekor lembu dan masak sehingga keperangan. Anda mungkin perlu bekerja secara berkelompok di sini.
c) Tuangkan air dan masukkan rosemary thyme, daun bay, dan bunga cengkih.
d) Masak pada HIGH selama 1 jam.
e) Lakukan pelepasan tekanan semula jadi.
f) Keluarkan daging dari IP dan carik pada papan pemotong.
g) Masukkan rutabaga dan daun bawang ke dalam periuk dan tutup penutup.
h) Masak pada HIGH selama 5 minit.
i) Masukkan baki sayur-sayuran dan masak selama 7 minit lagi.
j) Masukkan daging dan tutup semula.
k) Masak pada HIGH selama 2 minit.
l) Masukkan jus lemon dan perasakan dengan garam dan lada sulah.
m) Hidangkan dan nikmati!

## 26. Kentang Begedil

**BAHAN-BAHAN:**
- Rutabaga
- kembang kol
- 2 Bawang merah kecil
- sudu besar. Daging Lembu Kisar
- 1 sudu besar. Daun Saderi dicincang
- 1 sudu besar. Bawang Hijau dicincang
- 1/2 sudu kecil. Lada Putih (atau Lada Hitam)
- 1/4 sudu kecil. garam
- 1 biji Telur besar (sedikit sahaja digunakan)
- 4 sudu besar. Minyak kelapa

**ARAHAN:**

a) Hiris 5 oz. Rutabaga ke dalam kepingan kecil dan goreng sehingga perang dengan 1 sudu besar. Minyak kelapa.

b) Dengan alu dan lesung, tumbuk Rutabaga yang telah digoreng sehingga lembut. Secara bergantian, gunakan pemproses makanan. Setelah selesai, ketepikan.

c) Ketuhar gelombang mikro 5 oz. Kembang kol sehingga lembut dan tumbuk dengan alu dan lesung (atau gunakan pemproses makanan).

d) Hiris nipis 2 biji bawang merah. Dengan kuali kecil dan cetek (untuk menghasilkan minyak yang lebih dalam tetapi hanya sedikit digunakan) dan 1 sudu besar. Minyak Kelapa, goreng hingga perang dan garing tetapi tidak hangus. Mengetepikan.

e) Dengan minyak yang sama, tumis 4 sudu besar. Daging Kisar hingga perang. Perasakan dengan Garam dan Lada sulah secukup rasa.

f) Dalam mangkuk, masukkan Rutabaga dan Kembang Kol yang ditumbuk, Bawang Merah goreng, Daging Kisar yang dimasak, 1 sudu besar. setiap Daun Saderi dan Bawang Hijau, 1/2 sudu kecil. Lada Putih (atau Lada Hitam) dan 1/4 Garam. Gaul sebati.

g) Senduk kira-kira 1 sudu besar. adunan dan bentukkan menjadi patty kecil. Saya membuat 10 patties kesemuanya.

h) Pukul 1 biji telur dalam mangkuk lain dan salutkan setiap patty tetapi tidak sepenuhnya (buat setiap satu sebelum menggoreng).

i) Goreng patties secara berkelompok dengan Minyak Kelapa sehingga perang. Saya menggunakan 2 sudu besar. Minyak Kelapa secara keseluruhan untuk ini (dua kelompok, 1 sudu besar setiap satu).
j) Hidangkan dengan rebusan atau sendiri

## 27. Tuai Sayuran Dan Quinoa

**BAHAN-BAHAN:**
- 1½ cawan Quinoa
- 4 cawan Air
- ½ sudu teh Garam
- 1 lobak sederhana; dikupas dan dipotong dadu
- 4 sederhana Lobak merah
- 1 Rutabaga kecil; dikupas dan dipotong dadu
- 1 cawan labu butternut potong dadu dikupas
- 1 sudu teh minyak zaitun
- 1 bawang kuning kecil; dipotong dadu
- 1 ulas bawang putih besar; cincang
- ¼ cawan daun bijak segar yang dicincang
- Garam dan lada putih

**ARAHAN:**

a) Dalam periuk sederhana, gabungkan quinoa yang telah dibilas dengan air dan garam. Didihkan, kemudian reneh, ditutup, sehingga masak (kira-kira 10 minit). Toskan, bilas dengan air sejuk, dan ketepikan.

b) Satukan lobak, lobak merah, rutabaga, dan labu dalam periuk besar dengan pengukus sayuran. Kukus sayur selama 7 hingga 10 minit, atau sehingga empuk

c) Dalam kuali nonstick yang besar, tumis bawang merah dan bawang putih dalam minyak sehingga bawang lembut, kira-kira 4 minit. Kacau dalam daun sage dan masak sehingga sage berwarna perang dan wangi, 1 hingga 2 minit.

d) Masukkan quinoa dan sayur-sayuran ke dalam kuali dan kacau dengan baik untuk menggabungkan. Masukkan garam dan lada sulah secukup rasa, panaskan jika perlu, dan hidangkan panas.

## 28. Pot-Au-Feu Klasik

**BAHAN-BAHAN:**
- 2 sudu besar minyak zaitun
- ½ sudu teh lada hitam
- 4 batang saderi, potong dadu
- 4 biji lobak merah, kupas dan potong dadu
- 4 biji kentang Yukon Gold, dipotong dadu
- 4½ cawan air
- 1 kepala bawang putih, potong separuh bersilang
- 1¾ sudu teh garam halal
- 5 tangkai thyme segar
- 2 paun chuck panggang, dibuang tulang dan dipotong
- 3 daun salam
- 2 batang daun bawang, dibelah dua memanjang
- 1 rutabaga, potong dadu
- ¼ cawan crème Fraiche
- 1½ paun tulang rusuk pendek daging lembu, dipotong
- 2 sudu besar daun kucai segar yang dihiris nipis
- Cornichons
- mustard Dijon
- Lobak pedas yang disediakan

**ARAHAN:**
a) Panaskan kuali nonstick dengan api sederhana. Masak panggang dalam minyak dalam kuali panas, bertukar coklat di semua sisi, selama 5 minit.
b) Perasakan dengan baik dengan garam dan lada sulah.
c) Alihkan panggang ke dalam Periuk Perlahan 6 liter.
d) Masukkan tulang rusuk pada titisan yang dikhaskan dalam kuali panas, dan masak, bertukar kepada coklat di semua sisi, selama 6 minit.
e) Pindahkan tulang rusuk ke Periuk Perlahan, simpan titisan dalam kuali. Masukkan thyme, daun bay, bawang putih, dan air ke dalam titisan yang dikhaskan dalam kuali panas, kacau untuk melonggarkan kepingan perang dari bahagian bawah kuali; tuang ke dalam Slow Cooker.
f) Masak perlahan selama 5 jam.

g) Campurkan rutabaga, daun bawang, saderi, kentang, lobak merah dan rutabaga. Masak perlahan, kira-kira 3 jam.

h) buang bawang putih, tangkai thyme, dan daun bay.

i) Potong panggang, dan hidangkan dengan daging rusuk, bahagian daun bawang, saderi, kentang, lobak merah dan rutabaga di atas pinggan hidangan.

j) Siram dengan jumlah cecair memasak yang dikehendaki, dan hidangkan bersama crème fraîche, daun kucai, cornichon, mustard Dijon, lobak pedas, dan baki cecair memasak.

## 29. Gigitan Bacon Cheesy

**BAHAN-BAHAN:**
- 1/2 paun rutabaga, parut
- 4 keping daging daging, dicincang
- 7 auns keju Gruyère, dicincang
- 3 biji telur, dipukul
- 3 sudu besar tepung badam
- 1 sudu teh bawang putih yang ditumbuk
- 1 sudu kecil serbuk bawang merah
- Garam laut dan lada hitam tanah, secukup rasa

**ARAHAN:**
a) Tambah 1 cawan air dan trivet logam ke dalam Periuk Segera.
b) Campurkan semua bahan di atas sehingga semuanya sebati.
c) Masukkan adunan ke dalam dulang pod silikon yang sebelum ini digris dengan semburan masak nonstick. Tutup dulang dengan kepingan aluminium foil dan turunkan ke atas trivet.
d) Selamatkan tudung. Pilih mod "Manual" dan Tekanan rendah; masak selama 5 minit. Setelah memasak selesai, gunakan pelepas tekanan pantas; berhati-hati tanggalkan penutup. Bon appétit!

# TURNIPS

## 30. Lobak Dan Bawang Kaserol

**BAHAN-BAHAN:**
- 2½ paun. lobak kuning atau rutabagas (kira-kira 8 cawan dipotong dadu)
- ⅔ cawan lemak dan daging babi segar yang dipotong dadu kecil atau daging babi sampingan; atau 3 Tb mentega atau minyak masak
- ⅔ cawan bawang besar dihiris halus
- 1 sb tepung
- ¾ cawan bouillon daging lembu
- ¼ sudu kecil sage
- Garam dan lada
- 2 hingga 3 Tb pasli cincang segar

**ARAHAN:**
a) Kupas lobak, potong empat, kemudian menjadi kepingan ½ inci; potong kepingan menjadi jalur ½ inci, dan jalur menjadi kiub ½ inci. Titiskan ke dalam air masin mendidih dan rebus tanpa penutup selama 3 hingga 5 minit, atau sehingga lembut. longkang.
b) Jika anda menggunakan daging babi, tumis perlahan-lahan dalam periuk 3-kuar sehingga perang sangat ringan; jika tidak, masukkan mentega atau minyak ke dalam kuali. Kacau bawang, tutup, dan masak perlahan-lahan selama 5 minit tanpa keperangan. Campurkan tepung dan masak perlahan selama 2 minit.
c) Keluarkan dari api, pukul dalam bouillon, panaskan semula dan biarkan mendidih. Masukkan sage, kemudian masukkan pula lobak. Perasakan dengan garam dan lada sulah secukup rasa.
d) Tutup kuali dan reneh perlahan-lahan selama 20 hingga 30 minit, atau sehingga lobak lembut.
e) Jika sos terlalu cair, buka tutup dan rebus perlahan-lahan selama beberapa minit sehingga cecair berkurangan dan pekat. Perasa yang betul. (Boleh dimasak terlebih dahulu. Sejukkan tanpa bertutup; tutup dan renehkan beberapa saat sebelum dihidangkan.)
f) Untuk menghidang, masukkan pasli dan jadikan hidangan hidangan panas.

## 31. Wain Turnip Magician

**BAHAN-BAHAN:**
- 6 lbs. lobak atau rutabagas
- 1 gelen air
- 2½ paun. gula atau 3 lbs. sayang
- kulit dan jus 3 oren
- jus dan kulit 2 lemon besar atau 3 sudu kecil. campuran asid
- 1 sudu kecil. nutrien yis
- ¼ sudu kecil. tanin
- 1 tablet Campden, dihancurkan (pilihan)
- ½ sudu kecil. enzim pektik
- 1 paket champagne atau yis sherry

**ARAHAN:**
a) Gosok lobak dengan baik, potong bahagian atas dan hujung akar. Potong atau potong ke dalam air sejuk, kemudian panaskan. SIMMER, jangan rebus, selama 45 minit.

b) Keluarkan kulit dari buah sitrus (tiada empulur putih), dan perahkan jusnya. Letakkan semangat dalam beg penapisan nilon kecil di bahagian bawah penapai utama.

c) Tapis lobak (dan biji lada, jika anda menggunakannya) daripada air. Anda boleh menggunakan parsnip untuk makanan jika anda mahu.

d) Keluarkan kira-kira satu liter air untuk ditambah semula kemudian jika anda tidak mempunyai cukup. Sukar untuk mengatakan berapa banyak yang anda akan hilang dalam stim semasa memasak. Masukkan gula atau madu, dan renehkan sehingga gula larut. Jika menggunakan madu, reneh 10-15 minit, kacau, dan kurangkan apa-apa buih.

e) Tuangkan air panas ke dalam penapai utama yang telah dibersihkan di atas kulit. Masukkan jus buah. (Anda boleh menempah sedikit jus oren dan air sayuran tambahan untuk memulakan yis kemudian, jika anda suka.) Semak untuk mengetahui sama ada anda mempunyai satu gelen mesti. Jika tidak, jadikan ia dengan air simpanan.

f) Tambah nutrien yis, tanin, dan campuran asid jika anda tidak menggunakan lemon. Tutup, dan pasangkan kunci udara. Biarkan mesti sejuk, dan tambahkan tablet Campden, jika anda memilih untuk menggunakannya. Dua belas jam selepas tablet Campden, tambah enzim pektik. Jika anda tidak menggunakan tablet, tunggu sahaja sehingga mesti sejuk untuk menambah enzim pektik. Dua puluh empat jam kemudian, periksa PA dan tambah yis.

g) Kacau setiap hari. Dalam dua minggu atau lebih, semak PA. Angkat beg perahan dan biarkan ia mengalir semula ke dalam bekas. Jangan picit. Buang semangat. Biarkan wain mengendap, dan masukkannya ke dalam penapai sekunder.

h) Bungkus dan muat dengan kunci udara. Rak seperti yang diperlukan dalam tempoh enam bulan akan datang atau lebih. Semak PA. Apabila ia ditapai, botolkannya. Saya lebih suka wain kering ini. Anda boleh memaniskan wain jika anda suka sebelum dibotolkan dengan menambah penstabil dan 2 hingga 4 auns sirap gula setiap gelen.

## 32. Turnip Rebus Kesyukuran

**BAHAN-BAHAN:**
- ½ paun lobak , dikupas dan dipotong menjadi kepingan
- 2 sudu besar pes tomato
- 2 sudu besar mentega vegan
- 1 biji bawang, dikupas dan dipotong dadu
- 1 sudu teh thyme kering
- 1 lobak merah, dikupas dan dipotong dadu
- 1 daun salam
- 2 batang saderi, potong dadu
- Garam dan lada
- 1½ cawan stok atau air
- 2 sudu besar mentega vegan, dilembutkan
- 1 T sudu besar tepung

**ARAHAN:**

a) Dalam kuali, cairkan mentega vegan. Masukkan bawang besar, saderi dan lobak merah.

b) Masak selama lebih kurang 5 minit. Masukkan stok, pes tomato, thyme, dan daun bay ke campuran lobak dan bawang, lobak merah dan saderi.

c) Masak selama 30 hingga 40 minit, bertutup, dalam ketuhar 350°F.

d) Semasa lobak mendidih, buat pes dengan mentega vegan dan tepung.

e) Pindahkan lobak ke dalam hidangan hidangan dan biarkan ia hangat di dalam kuali.

f) Ke dalam periuk, tapis cecair perap. Masukkan kepingan campuran tepung mentega vegan ke dalam sos dan pukul sehingga ia pekat.

g) S eason dengan s alt dan lada sulah dan kemudian tuangkan sos ke atas lobak.

## 33. Sup Kuih Turnip Taiwan

**BAHAN-BAHAN:**
**UNTUK KEK TURNIP:**
- 2 cawan tepung beras
- 2 cawan air
- 2 cawan lobak dicincang (lobak daikon)
- ¼ cawan udang kering, rendam dan kisar
- ¼ cawan cendawan kering, direndam dan dipotong dadu
- 2 sudu besar bawang merah, dikisar
- 2 sudu besar minyak sayuran
- 2 sudu besar kicap
- 1 sudu teh garam
- ½ sudu teh lada putih

**UNTUK SUP:**
- 4 cawan air rebusan ayam
- 2 cawan air
- 2 bawang hijau, dicincang
- Garam dan lada sulah secukup rasa

**ARAHAN:**
**UNTUK KEK TURNIP:**
a) Dalam mangkuk adunan, satukan tepung beras dan air. Kacau rata sehingga adunan sebati dan tiada berketul.
b) Panaskan minyak sayuran dalam kuali besar atau kuali dengan api sederhana.
c) Masukkan bawang merah cincang, udang kering, dan cendawan kering ke dalam kuali. Tumis lebih kurang 2 minit hingga naik bau.
d) Masukkan lobak yang dicincang ke dalam kuali dan tumis selama 2-3 minit lagi sehingga lobak lembut sedikit.
e) Tuang bancuhan tepung beras ke dalam kuali dan kacau berterusan untuk mengelakkan berketul-ketul.
f) Masukkan kicap, garam, dan lada putih ke dalam kuali. Kacau rata untuk menggabungkan semua bahan.
g) Masak campuran di atas api sederhana, kacau sentiasa, sehingga ia pekat dan membentuk konsistensi melekit.
h) Griskan loyang kek segi empat sama atau bulat dan tuang adunan kek lobak ke dalamnya. Melicinkan permukaan.

i) Kukus kek lobak dengan api besar selama kira-kira 45-50 minit sehingga pejal dan masak.

j) Keluarkan kek lobak dari pengukus dan biarkan ia sejuk sepenuhnya.

k) Setelah sejuk, keluarkan kuih lobak dari kuali dan potong mengikut selera.

**UNTUK SUP:**

l) Dalam periuk besar, satukan sup ayam, air, dan bawang hijau yang dicincang. Didihkan adunan.

m) Masukkan kek lobak yang telah dihiris ke dalam periuk dan biarkan ia mendidih selama kira-kira 5 minit untuk panas.

n) Perasakan sup dengan garam dan lada sulah secukup rasa.

o) Hidangkan Sup Kuih Turnip Taiwan panas sebagai hidangan yang selesa dan berperisa.

## 34.Hijau Campuran Dengan Goreng Turnip

**BAHAN-BAHAN:**
- ¼ cawan mentega
- 1 cawan bawang cincang
- 1 cawan bawang hijau dicincang
- 2 batang saderi, dicincang
- 2 sudu besar Akar halia dihiris halus
- 2 ulas bawang putih, cincang halus
- Turnip bayi 1 paun dengan bahagian atas hijau
- 10 cawan Air
- 2 kiub bouillon ayam yang lebih besar
- ½ cawan wain putih kering atau air
- ¼ cawan Tepung jagung
- 6 cawan dibungkus daun bayam segar
- 1¼ sudu teh lada hitam dikisar
- ½ sudu teh Garam
- ¼ cawan tepung serba guna yang tidak diayak
- 1 biji telur besar, dipukul sedikit
- Minyak sayuran untuk menggoreng

**ARAHAN:**

a) Sediakan sayur-sayuran.

b) Parut kasar lobak yang telah disejukkan.

c) Satukan lobak parut, tepung, telur, dan baki ¼ t setiap lada dan garam.

d) Masukkan sesudu kecil campuran goreng ke dalam kuali dan goreng, putar, sehingga perang di kedua-dua belah

## 35.Kesemak & Daikon Temaki

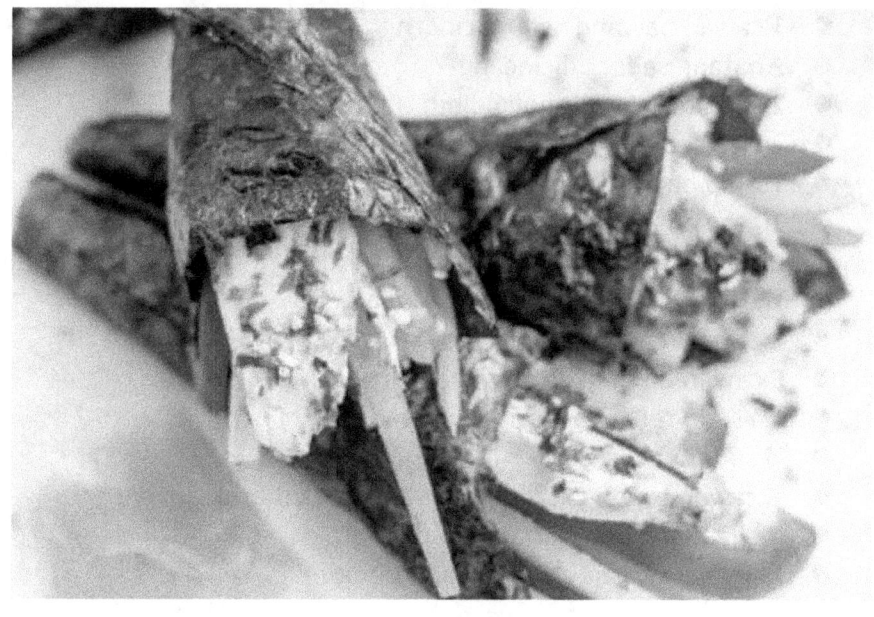

**BAHAN-BAHAN :**
- 1 cawan nasi sushi yang belum dimasak
- 3 sudu besar perasa sushi
- 10 helai sushi nori bakar, dibelah dua
- 1 timun Inggeris
- 1 lada benggala merah
- 6 auns daikon yang diawet, dipotong menjadi batang mancis
- 2 biji kesemak Fuyu, dikupas dan dihiris menjadi batang mancis
- 2 buah alpukat, diadu dan dihiris
- furikake untuk topping

**ARAHAN**
a) Masak nasi sushi mengikut arahan pakej.
b) Bila dah masak, sejukkan lebih kurang 15 minit.
c) Campurkan perasa sushi.
d) Letakkan satu separuh helaian nori di atas papan, bahagian bawah berkilat.
e) Sudukan sedikit nasi ke atas nori.
f) Taburkan nasi supaya anda mengisi separuh daripada nori.
g) Teratas nori dengan beberapa hirisan timun, lada merah, daikon dan kesemak.
h) Teratas dengan sekeping alpukat, dan goncangkan sedikit furikake di atasnya.
i) Bermula dengan bahagian bawah kanan, gulungkan nori ke arah kiri sehingga anda sampai ke penghujung.
j) Tutup gulungan tangan dengan beberapa butir beras. Ulang dengan semua helaian nori yang lain.

## 36. Snow Pea Shoot Daikon Rolls

**BAHAN-BAHAN:**
- 1 biji timun, potong dadu halus
- Jus 1 lemon
- 1 sudu besar daun pudina dihiris
- 1 sudu besar tamari
- 1 sudu besar taugeh lobak
- 12 helai daun shiso
- 2 sudu besar jus yuzu
- 1 sudu besar cuka beras
- 1 sudu besar lengkuas parut
- 1 lobak daikon, dihiris halus menjadi 12 jalur panjang
- 1 sudu besar pucuk kacang salji, dikisar
- 1 buah alpukat masak, potong dadu halus
- Bijan hitam, untuk hiasan

**ARAHAN:**
a) Susun helaian daikon di atas permukaan kerja.
b) Setiap helaian daikon hendaklah mempunyai 1 helai daun shiso di atasnya.
c) Satukan tamari, cuka beras, lengkuas, dan jus lemon dalam mangkuk; ketepikan.
d) Satukan pucuk kacang salji, alpukat, timun dan pudina dalam mangkuk.
e) Masukkan perisa lemon dan kacau.
f) Edarkan campuran sama rata di antara helaian daikon, letakkan bahagian pada setiap hujung.
g) Gulungkannya dengan ketat, dengan gulungan itu menghadap ke arah anda.
h) Pindahkan gulung ke dalam pinggan hidangan, atas dengan pucuk dan sedikit jus yuzu.

# RADISH

# 37. Ayam Yuzu Panggang Dengan Slaw Jepun

**BAHAN-BAHAN:**
- 2 ulas bawang putih, ditumbuk
- 2 sudu teh halia, parut
- 25g mentega tanpa garam, cair
- ¼ cawan jus yuzu atau jus limau
- 2 sudu besar kicap ringan
- 4 ayam Maryland
- ½ sudu teh minyak bijan
- 1 sudu besar minyak kacang tanah
- ½ sudu teh gula kastor
- Bijan hitam, untuk dihidangkan
- Lemon wedges, untuk dihidangkan

**SELADU JEPUN**
- 1 buah avocado, dihiris nipis
- 100g kacang snap gula, dihiris memanjang
- 3 biji lobak, dipotong, dihiris nipis
- 1 lobak merah besar, potong batang mancis nipis
- ½ tandan daun kucai, potong 4cm panjang
- 150g daun roket liar

**ARAHAN:**

a) Satukan bawang putih, halia, mentega, 2 sudu besar yuzu dan 1 sudu besar kicap dalam mangkuk.

b) Masukkan ayam dan putar ke lapisan. Tutup dan sejukkan selama 20 minit untuk perap.

c) Panaskan ketuhar hingga 180°C. Toskan ayam, simpan perapan, dan keringkan.

d) Letakkan di atas dulang pembakar beralas kertas pembakar dan panggang, perap dengan perapan simpanan setiap 15 minit, selama 1 jam atau sehingga kekuningan dan masak.

e) Sementara itu, satukan bahan selada dalam mangkuk. Dalam mangkuk yang berasingan, pukul minyak bijan, minyak kacang tanah, gula, dan baki 2 sudu besar yuzu dan 1 sudu besar soya. Toskan dengan selada untuk sebati.

f) Hidangkan ayam dan selada selada yang ditaburkan dengan biji bijan, dengan lemon untuk diperah.

## 38. Ikan kukus

**BAHAN-BAHAN:**
- 3½ cawan dashi atau air
- 2 cawan beras hitam, masak
- 1 cawan wain putih kering
- 1 keping kombu, 3 x 3 inci
- 1 sudu kecil serbuk kunyit
- 2 daun salam
- 2 sudu besar rumpai laut kering
- garam kosher
- 2 isi ikan siakap hitam atau ikan kakap merah, dikukus
- 5 auns cendawan shiitake, dibelah dua
- 2 cawan pucuk kacang
- 2 biji lobak merah, dicincang
- 2 sudu besar daun pudina dicincang

**ARAHAN:**
a) Satukan sup, nasi, wain, kombu, garam, serbuk kunyit, daun bay dan rumpai laut dalam periuk.
b) Masak dengan api kecil selama 1 jam.
c) Letakkan ikan di atas nasi, kemudian tutup dengan cendawan.
d) Masukkan pudina, lobak, dan pucuk kacang sebagai hiasan.

## 39. Risotto Jepun Dengan Cendawan

**BAHAN-BAHAN:**
- 4½ cawan Stok sayur; atau sup miso-infused, sedap
- 1 sudu besar Minyak zaitun extra-virgin
- ½ cawan nasi ros-sushi
- ½ cawan Demi
- Garam kosher
- Lada hitam yang baru dikisar
- ½ cawan Cendawan Enoki
- ½ cawan Daun bawang cincang
- ¼ cawan Pucuk lobak

**ARAHAN:**

a) Jika menggunakan sup miso-infused, campurkan 1 sudu besar miso dengan 4½ cawan air dan biarkan mendidih. Kecilkan api dan reneh.

b) Dalam periuk, panaskan minyak zaitun di atas api yang sederhana tinggi. Masukkan beras, kacau sentiasa dalam satu arah, sehingga bersalut dengan baik. Keluarkan kuali dari api dan masukkan sake.

c) Kembali ke api dan kacau sentiasa dalam satu arah sehingga semua cecair diserap. Masukkan stok atau sup dalam penambahan ½ cawan, kacau sentiasa sehingga semua cecair diserap dengan setiap penambahan.

d) Perasakan dengan garam dan lada sulah. Sudukan ke dalam mangkuk hidangan, hiaskan dengan cendawan, daun bawang, dan taugeh, dan hidangkan.

e) Hiaskan dengan cendawan enoki yang halus, daun bawang yang dicincang, dan taugeh lobak pedas.

# 40. Ayam Panggang Dengan Pistachio Pesto

**BAHAN-BAHAN:**
- 25g pistachio bercengkerang
- 1 tandan besar selasih segar, daun, dan tangkai dicincang kasar
- 4 tangkai pudina segar, daun dicincang kasar
- Kulit parut dan jus ½ lemon, ditambah ½ lemon
- 125ml minyak zaitun extra-virgin
- 2kg keseluruhan ayam kampung
- 125ml wain putih kering
- 200g roti asam, dikoyakkan
- 200g lobak campur, dibelah dua atau dibelah empat jika besar
- 250g asparagus
- Segenggam besar pucuk kacang

**ARAHAN:**
a) Panaskan ketuhar kepada 200°C/180°C kipas/gas 6. Pukul pistachio, basil, pudina dan kulit limau dan jus dalam pencincang mini atau pemproses makanan kecil kepada pes kasar. Gerimis dalam 100ml minyak, kemudian perasakan dan pukul hingga sebati. Masukkan separuh pesto ke dalam hidangan kecil dan ketepikan.
b) Masukkan ayam dalam tin pembakar cetek yang besar. Bekerja dari rongga leher, gunakan jari anda untuk membuat poket di antara kulit dan daging
c) daripada payudara. Tolak pesto di bawah kulit ayam dan sapu lebihan pada kulit. Perahkan baki ½ lemon ke atas ayam, kemudian masukkan ke dalam rongga. Panggang selama 20 minit, kemudian kecilkan ketuhar kepada 190°C/170°C kipas/gas 5.
d) Masukkan wain dan 125ml air ke dalam tin dan panggang selama 40-50 minit lagi sehingga ayam masak.
e) Letakkan ayam di atas papan, tutup longgar dengan kerajang, dan ketepikan untuk berehat. Tuangkan jus panggang dari tin ke dalam jag. Masukkan roti, lobak, dan asparagus ke dalam tin panggang, sudukan sedikit lemak dari bahagian atas jus, dan toskan dengan roti dan sayur-sayuran.
f) Perasakan, kemudian panggang selama 12-15 minit sehingga sayur-sayuran lembut dan roti garing. Buang sebarang lemak daripada jus yang tinggal dan panaskan dalam kuali untuk kuah.

g) Campurkan baki pesto dan 25ml minyak zaitun dan gerimis di atas ayam dan sayuran. Hidangkan bersama pucuk kacang dan kuah di sebelah.

## 41. Pizza Segar Taman

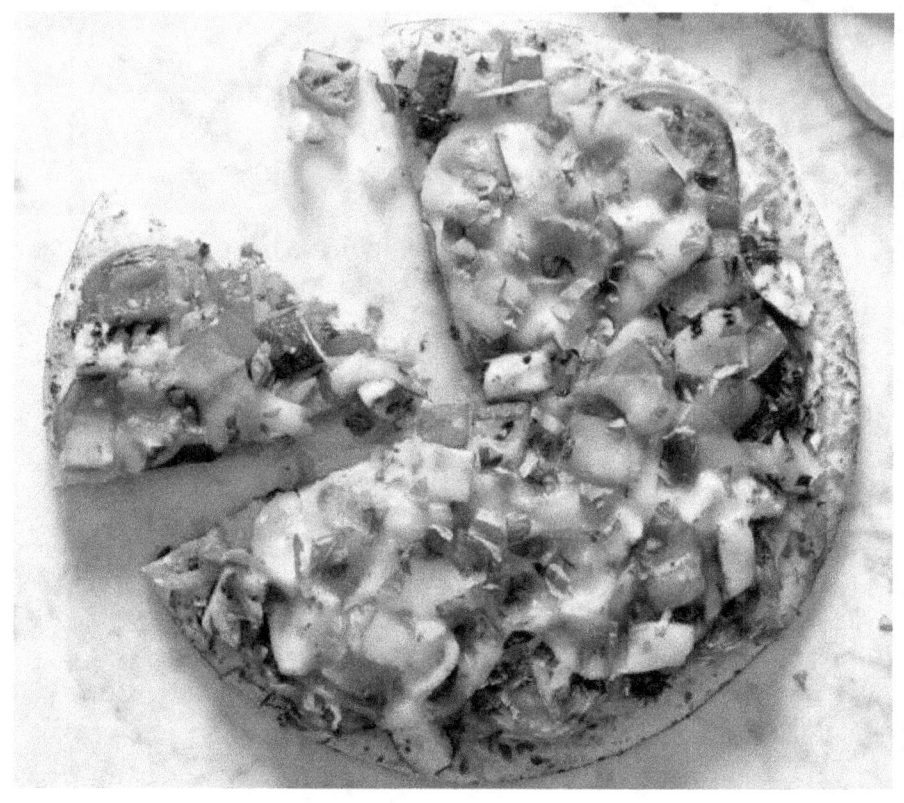

**BAHAN-BAHAN:**
- Dua gulungan bulan sabit yang disejukkan
- Dua bungkusan keju krim gajus, dilembutkan
- ⅓ cawan mayonis
- Pakej 1.4-auns campuran sup sayur-sayuran kering
- 1 cawan lobak, dihiris
- ⅓ cawan lada benggala hijau yang dicincang
- ⅓ cawan lada benggala merah yang dicincang
- ⅓ cawan lada benggala kuning yang dicincang
- 1 cawan kuntum brokoli
- 1 cawan kuntum bunga kobis
- ½ cawan lobak merah cincang
- ½ cawan saderi cincang

**ARAHAN:**

a) Tetapkan ketuhar anda kepada 400 darjah F sebelum melakukan perkara lain.

b) Di bahagian bawah kuali jellyroll 11x14 inci, ratakan doh gulungan bulan sabit.

c) Dengan jari anda, cubit mana-mana jahitan bersama-sama untuk membuat kerak.

d) Masak semuanya di dalam ketuhar selama kira-kira 10 minit.

e) Keluarkan segala-galanya dari ketuhar dan simpan di tepi untuk menyejukkan sepenuhnya.

f) Dalam mangkuk, campurkan mayonis, keju krim gajus, dan campuran sup sayur-sayuran.

g) Letakkan adunan mayonis di atas kerak secara rata,

h) Teratas segala-galanya dengan sayur-sayuran secara rata dan perlahan-lahan tekan mereka ke dalam adunan mayonis.

i) Dengan bungkus plastik, tutup pizza dan simpan dalam peti sejuk semalaman.

## 42. Sup Lobak Berkrim

**BAHAN-BAHAN:**
- 1 tandan lobak, dipotong dan dihiris
- 1 bawang, dicincang
- 2 ulas bawang putih, dikisar
- 4 cawan sup sayur
- 1 cawan krim berat
- Garam dan lada sulah secukup rasa
- Daun kucai segar untuk hiasan

**ARAHAN:**
a) Dalam periuk besar, tumis lobak, bawang besar, dan bawang putih sehingga lembut.
b) Masukkan sup sayur-sayuran dan biarkan mendidih. Reneh selama 10 minit.
c) Menggunakan pengisar rendaman atau pengisar biasa, puri sup sehingga halus.
d) Masukkan krim kental dan perasakan dengan garam dan lada sulah.
e) Hidangkan panas, dihiasi dengan daun kucai segar.

## 43.Sup Lobak Pedas Dan Lobak Merah

**BAHAN-BAHAN:**
- 1 tandan lobak, dipotong dan dihiris
- 2 lobak merah, dikupas dan dihiris
- 1 bawang, dicincang
- 2 ulas bawang putih, dikisar
- 4 cawan sup sayur
- 1 sudu kecil jintan manis
- ½ sudu teh paprika
- ¼ sudu teh lada cayenne
- Garam dan lada sulah secukup rasa
- Ketumbar segar untuk hiasan

**ARAHAN:**

a) Dalam periuk besar, tumis lobak, lobak merah, bawang merah dan bawang putih sehingga lembut.

b) Masukkan sup sayur-sayuran, jintan manis, paprika, dan lada cayenne. Didihkan dan reneh selama 15 minit.

c) Menggunakan pengisar rendaman atau pengisar biasa, puri sup sehingga halus.

d) Perasakan dengan garam dan lada sulah.

e) Hidangkan panas, dihiasi dengan ketumbar segar.

## 44. Sup Lobak Dan Kentang

**BAHAN-BAHAN:**
- 1 tandan lobak, dipotong dan dihiris
- 2 biji kentang, kupas dan potong dadu
- 1 bawang, dicincang
- 2 ulas bawang putih, dikisar
- 4 cawan sup sayur
- ½ cawan susu atau krim
- Garam dan lada sulah secukup rasa
- Pasli segar untuk hiasan

**ARAHAN:**

a) Dalam periuk besar, tumis lobak, kentang, bawang merah, dan bawang putih sehingga lembut.

b) Masukkan sup sayur-sayuran dan biarkan mendidih. Reneh selama 20 minit sehingga sayur-sayuran empuk.

c) Menggunakan pengisar rendaman atau pengisar biasa, puri sup sehingga halus.

d) Masukkan susu atau krim dan perasakan dengan garam dan lada sulah.

e) Hidangkan panas, dihiasi dengan pasli segar.

## 45. Sup Sayur Lobak

**BAHAN-BAHAN:**
- Hijau dari 1 tandan lobak, dibasuh dan dicincang
- 1 bawang, dicincang
- 2 ulas bawang putih, dikisar
- 4 cawan sup sayur
- 1 sudu besar minyak zaitun
- Jus 1 lemon
- Garam dan lada sulah secukup rasa
- Yogurt Yunani untuk hiasan

**ARAHAN:**

a) Dalam periuk besar, tumis bawang merah dan bawang putih dalam minyak zaitun sehingga lembut.

b) Masukkan sayur lobak dan tumis beberapa minit sehingga layu.

c) Masukkan sup sayur-sayuran dan biarkan mendidih. Reneh selama 10 minit.

d) Menggunakan pengisar rendaman atau pengisar biasa, puri sup sehingga halus.

e) Masukkan jus lemon dan perasakan dengan garam dan lada sulah.

f) Hidangkan panas, dihiasi dengan sedikit yogurt Yunani.

## 46.Sup Lobak Sejuk

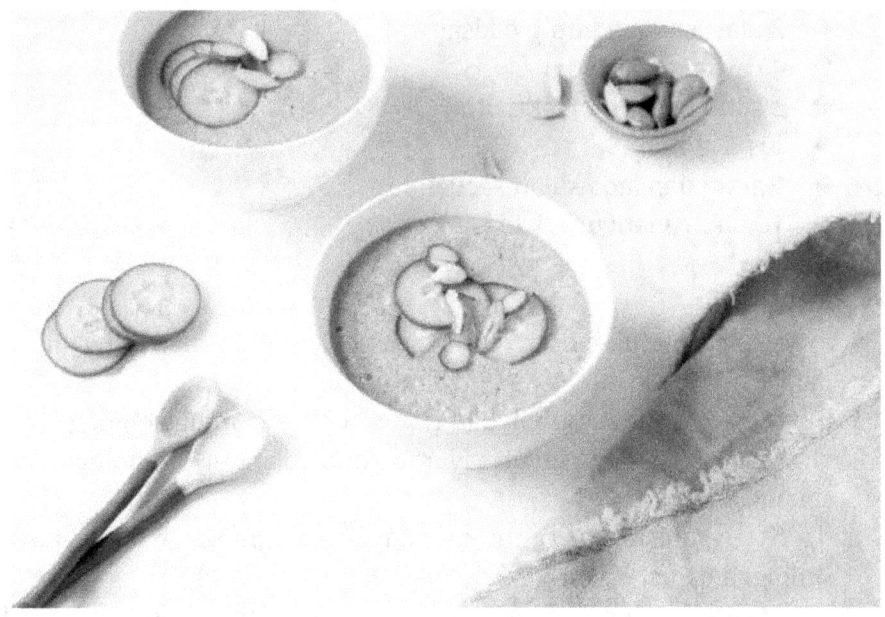

**BAHAN-BAHAN:**
- 1 tandan lobak, dipotong dan dihiris
- 1 timun, dikupas dan dicincang
- 1 epal hijau, dikupas dan dicincang
- 2 sudu besar daun pudina segar
- 2 cawan sup sayur
- Jus 1 biji limau purut
- Garam dan lada sulah secukup rasa

**ARAHAN:**
a) Dalam pengisar, satukan lobak, timun, epal hijau, daun pudina, sup sayur-sayuran, jus limau nipis, garam dan lada sulah.
b) Kisar hingga sebati.
c) Sejukkan sekurang-kurangnya 1 jam untuk menyejukkan.
d) Hidangkan sejuk, dihiasi dengan daun pudina segar.

## 47.Sup Lobak Dan Bit

**BAHAN-BAHAN:**
- 1 tandan lobak, dipotong dan dihiris
- 2 bit, dikupas dan dicincang
- 1 bawang, dicincang
- 2 ulas bawang putih, dikisar
- 4 cawan sup sayur
- ¼ cawan yogurt Yunani biasa
- Jus 1 lemon
- Garam dan lada sulah secukup rasa

**ARAHAN:**

a) Dalam periuk besar, tumis lobak, bit, bawang merah, dan bawang putih sehingga lembut.

b) Masukkan sup sayur-sayuran dan biarkan mendidih. Reneh selama 20 minit sehingga sayur-sayuran empuk.

c) Menggunakan pengisar rendaman atau pengisar biasa, puri sup sehingga halus.

d) Masukkan yogurt Yunani dan jus lemon. Perasakan dengan garam dan lada sulah.

e) Hidangkan panas, dihiasi dengan sedikit yogurt Yunani dan taburan lobak cincang.

## 48. Sup Lobak Dan Tomato

**BAHAN-BAHAN:**
- 1 tandan lobak, dipotong dan dihiris
- 4 biji tomato, dicincang
- 1 bawang, dicincang
- 2 ulas bawang putih, dikisar
- 4 cawan sup sayur
- 2 sudu besar pes tomato
- 1 sudu besar minyak zaitun
- Garam dan lada sulah secukup rasa
- Basil segar untuk hiasan

**ARAHAN:**

a) Dalam periuk besar, tumis lobak, tomato, bawang merah, dan bawang putih dalam minyak zaitun sehingga lembut.

b) Masukkan sup sayur-sayuran dan biarkan mendidih. Reneh selama 20 minit sehingga sayur-sayuran empuk.

c) Menggunakan pengisar rendaman atau pengisar biasa, puri sup sehingga halus.

d) Masukkan pes tomato dan perasakan dengan garam dan lada sulah.

e) Hidangkan panas, dihiasi dengan daun selasih segar.

## 49. Sup Lobak Dan Kari Kelapa

**BAHAN-BAHAN:**
- 1 tandan lobak, dipotong dan dihiris
- 1 bawang, dicincang
- 2 ulas bawang putih, dikisar
- 1 sudu besar serbuk kari
- 1 tin santan
- 4 cawan sup sayur
- 1 sudu besar minyak zaitun
- Garam dan lada sulah secukup rasa
- Ketumbar segar untuk hiasan

**ARAHAN:**
a) Dalam periuk besar, tumis lobak, bawang besar, dan bawang putih dalam minyak zaitun sehingga lembut.
b) Masukkan serbuk kari dan kacau seminit.
c) Masukkan santan dan air rebusan sayur. Biarkan mendidih. Reneh selama 15 minit.
d) Menggunakan pengisar rendaman atau pengisar biasa, puri sup sehingga halus.
e) Perasakan dengan garam dan lada sulah.
f) Hidangkan panas, dihiasi dengan ketumbar segar.

## 50.Sup Lobak Dan Bayam

**BAHAN-BAHAN:**
- 1 tandan lobak, dipotong dan dihiris
- 2 cawan daun bayam segar
- 1 bawang, dicincang
- 2 ulas bawang putih, dikisar
- 4 cawan sup sayur
- 1 sudu besar mentega
- ½ cawan susu atau krim
- Garam dan lada sulah secukup rasa

**ARAHAN:**

a) Dalam periuk besar, tumis lobak, bayam, bawang merah, dan bawang putih dalam mentega sehingga lembut.

b) Masukkan sup sayur-sayuran dan biarkan mendidih. Reneh selama 15 minit.

c) Menggunakan pengisar rendaman atau pengisar biasa, puri sup sehingga halus.

d) Masukkan susu atau krim dan perasakan dengan garam dan lada sulah.

e) Hidangkan panas, dihiasi dengan taburan hirisan lobak segar.

## 51.Sup Lobak Dan Cendawan

**BAHAN-BAHAN:**
- 1 tandan lobak, dipotong dan dihiris
- 8 auns cendawan, dihiris
- 1 bawang, dicincang
- 2 ulas bawang putih, dikisar
- 4 cawan sup sayur
- 2 sudu besar minyak zaitun
- ¼ cawan yogurt Yunani biasa
- Garam dan lada sulah secukup rasa
- Thyme segar untuk hiasan

**ARAHAN:**

a) Dalam periuk besar, tumis lobak, cendawan, bawang merah, dan bawang putih dalam minyak zaitun sehingga lembut.

b) Masukkan sup sayur-sayuran dan biarkan mendidih. Reneh selama 20 minit sehingga sayur-sayuran empuk.

c) Menggunakan pengisar rendaman atau pengisar biasa, puri sup sehingga halus.

d) Masukkan yogurt Yunani dan perasakan dengan garam dan lada sulah.

e) Hidangkan panas, dihiasi dengan daun thyme segar.

## 52.Kentang Panggang Dan Salad Prosciutto

**BAHAN-BAHAN:**
- Madu 1 sudu teh
- Jus lemon 1 sudu besar
- Bawang hijau (dibelah dan dihiris) 2
- Lada merah manis (dicincang halus) ¼ cawan
- Pecan (dicincang dan dibakar) ⅓ cawan
- Lobak (dihiris) ½ cawan
- Prosciutto (dihiris nipis dan dicincang) ½ cawan
- Lada ⅛ sudu teh
- ½ sudu teh Garam (dibahagikan)
- 4 sudu besar minyak zaitun (dibahagikan)
- 3 ubi keledek, sederhana (dikupas dan dipotong dadu 1 inci)

**ARAHAN:**

a) Panaskan ketuhar hingga 400 darjah F.

b) Letakkan ubi keledek dalam loyang yang telah digris (15x10x1 inci).

c) Tuangkan 2 sudu besar minyak dan taburkan ¼ sudu teh garam dan lada sulah dan toskan dengan betul.

d) Panggang selama setengah jam, dan masih secara berkala.

e) Taburkan sedikit prosciutto ke atas ubi keledek dan panggangnya selama 10 hingga 15 minit sehingga ubi keledek lembut dan prosciutto menjadi garing.

f) Pindahkan adunan ke dalam mangkuk bersaiz besar, dan biarkan ia sejuk sedikit.

g) Masukkan separuh daripada bawang hijau, lada merah, pecan, dan lobak. Ambil mangkuk bersaiz kecil, dan pukul garam, baki minyak, madu, dan jus lemon sehingga sebati.

h) Gerimis di atas salad; baling dengan betul untuk bergabung. Taburkan dengan baki bawang hijau.

## 53. Salad Tembikai Dengan Lobak Microgreens

**BAHAN-BAHAN:**
- 1 Sudu besar cuka balsamic
- Garam secukup rasa
- Segenggam mikrohijau lobak
- 2 sudu besar minyak zaitun, extra virgin
- 1 keping tembikai
- 2 Sudu besar badam cincang
- 20g keju feta , hancur

**ARAHAN:**
a) Letakkan tembikai anda di atas pinggan.
b) Sapukan keju feta dan badam di atas tembikai.
c) Siramkan minyak zaitun dara tambahan dan cuka balsamic ke atasnya.
d) Masukkan mikrohijau di atas.

## 54. Microgreens & Salad Kacang Salji

**BAHAN-BAHAN:**
**VINAIGRETTE**
- 1 sudu teh sirap maple
- 2 sudu teh jus limau nipis
- 2 sudu besar cuka balsamic putih
- 1 ½ cawan strawberi dipotong dadu
- 3 sudu besar minyak zaitun

**SALAD**
- 2 biji lobak, dihiris nipis
- 6 auns mikrohijau kubis
- 12 biji kacang salji, dihiris nipis
- Strawberi yang dibelah dua, bunga yang boleh dimakan dan tangkai herba segar, untuk hiasan

**ARAHAN:**
a) Untuk membuat vinaigrette, pukul bersama strawberi, cuka, dan sirap maple dalam hidangan adunan. Tapis cecair dan masukkan jus limau nipis dan minyak.

b) Perasakan dengan garam dan lada sulah.

c) Untuk membuat salad, gabungkan sayur-sayuran mikro, kacang salji, lobak, strawberi yang disimpan dan ¼ cawan vinaigrette dalam mangkuk adunan yang besar.

d) Tambah separuh strawberi, bunga yang boleh dimakan, dan tangkai herba segar sebagai hiasan.

## 55. Salad Musim Bunga Microgreen

**BAHAN-BAHAN:**
- 2 sudu besar garam
- 1 genggam microgreen pucuk kacang
- ½ cawan kacang fava, dicelur
- 4 biji lobak merah, potong dadu kecil, rebus
- 1 genggam sayur mikro Pak Choi
- 1 genggam Wasabi Mustard microgreens
- 1 secubit amaranth microgreens
- 4 biji lobak, dihiris kepada syiling nipis
- 1 cawan kacang pea, dicelur
- Garam & lada sulah secukup rasa

**PEMBUATAN CARROT-HALIA**
- ¼ cawan cuka wain beras
- ½ cawan air
- 1 inci halia, dikupas dan dihiris
- 1 sudu besar kicap
- 1 sudu besar mayonis
- Garam kosher & lada hitam secukup rasa

**ARAHAN:**
a) Satukan sayur-sayuran mikro, lobak, lobak merah, kacang polong, dan kacang fava, dan perasakan dengan garam dan lada sulah.
b) Kisar halia, ½ cawan lobak merah yang dikhaskan, cuka wain beras, dan air sehingga halus.
c) Keluarkan dari pengisar dan sapukan kicap dan mayonis.
d) Toskan salad dengan sos, dan hidangkan

# BEET

# 56. Hash Bit Dengan Telur

**BAHAN-BAHAN:**
- 1 paun bit, dikupas dan dipotong dadu
- ½ paun kentang Yukon Gold, digosok dan dipotong dadu
- Garam kasar dan lada hitam yang baru dikisar
- 2 sudu besar minyak zaitun extra-virgin
- 1 biji bawang kecil, potong dadu
- 2 sudu besar pasli segar yang dicincang
- 4 biji telur besar

**ARAHAN:**
a) Dalam kuali bermuka tinggi, tutup bit dan kentang dengan air dan biarkan mendidih. Perasakan dengan garam dan masak sehingga lembut, kira-kira 7 minit. Toskan dan lapkan kuali.

b) Panaskan minyak dalam kuali dengan api sederhana tinggi. Masukkan bit rebus dan kentang dan masak sehingga kentang mula bertukar keemasan kira-kira 4 minit. Kurangkan api kepada sederhana, tambah bawang, dan masak, kacau, sehingga lembut, kira-kira 4 minit. Sesuaikan perasa dan kacau dalam pasli.

c) Buat empat telaga lebar dalam cincang. Pecahkan satu telur ke dalam setiap satu dan perasakan telur dengan garam. Masak sehingga putih set tetapi kuning masih cair 5 hingga 6 minit.

## 57. Pizza Sarapan Kerak Bit

**BAHAN-BAHAN:**
**UNTUK KERAK PIZZA:**
- 1 cawan bit rebus dan puri
- ¾ cawan makanan badam
- ⅓ cawan tepung beras perang
- ½ sudu teh garam
- 2 sudu teh serbuk penaik
- 1 sudu besar minyak kelapa
- 2 sudu teh rosemary dicincang
- 1 biji telur

**TOPIS:**
- 3 biji telur
- 2 keping daging masak hancur
- alpukat
- keju

**ARAHAN :**
a) Panaskan ketuhar hingga 375 darjah
b) Campurkan semua bahan untuk kerak pizza
c) Bakar selama 5 minit
d) Keluarkan dan buat 3 "perigi" kecil menggunakan bahagian belakang sudu atau acuan aiskrim
e) Letakkan 3 biji telur ke dalam "telaga" ini
f) Bakar 20 minit
g) Teratas dengan keju dan bacon dan bakar selama 5 minit lagi
h) Tambah lebih banyak rosemary, keju, dan alpukat.

## 58. Beet Chips

**BAHAN-BAHAN:**
- 4 bit sederhana, bilas dan dihiris nipis
- 1 sudu teh garam laut
- 2 sudu besar minyak zaitun
- Hummus, untuk hidangan

**ARAHAN:**
a) Panaskan penggoreng udara hingga 380°F.
b) Dalam mangkuk besar, toskan bit dengan garam laut dan minyak zaitun sehingga bersalut dengan baik.
c) Masukkan hirisan bit ke dalam penggoreng udara dan ratakan dalam satu lapisan.
d) Goreng selama 10 minit. Kacau, kemudian goreng selama 10 minit lagi. Kacau lagi, kemudian goreng selama 5 hingga 10 minit terakhir, atau sehingga kerepek mencapai kerangupan yang diingini.
e) Hidangkan dengan e hummus kegemaran.

## 59. Bit Dill & Bawang Putih

**BAHAN-BAHAN:**
- 4 bit, dibersihkan, dikupas, dan dihiris
- 1 ulas bawang putih, dikisar
- 2 sudu besar dill segar yang dicincang
- ¼ sudu teh garam
- ¼ sudu teh lada hitam
- 3 sudu besar minyak zaitun

**ARAHAN:**
a) Panaskan penggoreng udara hingga 380°F.
b) Dalam mangkuk besar, campurkan semua bahan supaya bit disalut dengan minyak.
c) Tuangkan adunan bit ke dalam bakul fryer, dan panggang selama 15 minit sebelum dikacau, kemudian teruskan memanggang selama 15 minit lagi.

## 60. Salad Pembuka selera bit

**BAHAN-BAHAN:**
- 2 paun Bit
- garam
- ½ setiap satu Bawang Sepanyol, dipotong dadu
- 4 Tomato, dikupas kulit, dibiji dan dipotong dadu
- 2 sudu besar Cuka
- 8 sudu besar minyak zaitun
- Zaitun hitam
- 2 setiap satu Ulas bawang putih, cincang
- 4 sudu besar Pasli Itali, dicincang
- 4 sudu besar Cilantro, dicincang
- 4 medium Kentang, direbus
- Garam dan lada
- Lada merah panas

**ARAHAN:**
a) Potong hujung bit. Basuh dengan baik dan masak dalam air masin mendidih sehingga lembut. Toskan dan keluarkan kulit di bawah air sejuk yang mengalir. Dadu.
b) Campurkan bahan sos.
c) Campurkan bit dalam mangkuk salad dengan bawang, tomato, ketumbar bawang putih, dan pasli. Tuangkan separuh pembalut, toskan perlahan-lahan, dan sejukkan selama 30 minit. Potong kentang, letakkan dalam mangkuk cetek, dan toskan dengan baki dressing. Sejuk.
d) Apabila sedia untuk dipasang, susun bit, tomato, dan bawang di tengah mangkuk cetek dan susun kentang dalam cincin di sekelilingnya. Hiaskan dengan buah zaitun.

## 61.Bot Bit

**BAHAN-BAHAN:**
- 8 kecik bit
- 10 auns daging Ketam, dalam tin atau segar
- 2 sudu teh Pasli segar cincang
- 1 sudu kecil Jus lemon

**ARAHAN:**

a) Kukus bit selama 20-40 minit, atau sehingga lembut. Bilas dengan air sejuk, kupas dan biarkan sejuk. Sementara itu, campurkan daging ketam, pasli, dan jus lemon.

b) Apabila bit sejuk, belah dua dan cedok bahagian tengahnya dengan pengisar tembikai, atau sudu teh, buat lubang. Isi dengan campuran ketam.

c) Hidangkan sebagai pembuka selera, atau untuk makan tengah hari bersama-sama dengan sayur-sayuran bit goreng.

## 62. Goreng Bit

**BAHAN-BAHAN:**
- 2 cawan Parut bit mentah
- ¼ cawan Bawang besar, potong dadu
- ½ cawan Serbuk roti
- 1 besar Telur, dipukul
- ¼ sudu teh halia
- Garam dan lada sulah secukup rasa

**ARAHAN:**
a) Campurkan semua bahan. Sudukan bahagian bersaiz penkek ke atas griddle yang panas dan berminyak.
b) Masak hingga perang, putar sekali.
c) Hidangkan dengan mentega, krim masam, yogurt, atau mana-mana gabungan ini.

## 63. Bit yang disumbat

**BAHAN-BAHAN:**
- 6 besar bit
- 6 sudu besar Keju tajam parut
- 2 sudu besar Serbuk roti
- 2 sudu besar Krim masam
- 1 sudu besar Sedap acar
- ½ sudu teh garam
- ¼ sudu teh Lada
- ¼ cawan Mentega
- ¼ cawan Wain putih

**ARAHAN:**
a) Lubangkan bit, atau gunakan bit yang telah digunakan untuk membuat hiasan gula-gula tebu.
b) Masak bit berlubang dalam air masin sedikit sehingga lembut.
c) Sejukkan dan keluarkan kulitnya. Panaskan ketuhar hingga 350F. Campurkan keju, serbuk roti, krim masam, rasa jeruk, dan perasa.
d) Sumbat bit dengan adunan ini dan letakkannya dalam loyang cetek yang telah digris. Berus dengan mentega dan bakar tanpa penutup dalam ketuhar 350 F selama 15 hingga 20 minit.
e) Cairkan mentega dan campurkan dengan wain putih dan lumurkan sekali-sekala untuk mengekalkan kelembapan.

# 64. Tenggiri Sepanyol Dipanggang Dengan Epal Dan Bit

**BAHAN-BAHAN:**
- 2 ikan kembung Sepanyol (kira-kira 2 paun setiap satu), skala dan dibersihkan, dengan insang dikeluarkan
- 2¼ cawan Air Garam Adas
- 1 sudu besar minyak zaitun
- 1 bawang sederhana, dicincang halus
- 2 bit sederhana, panggang, rebus, panggang, atau tin; dicincang halus
- 1 epal tart, dikupas, dibuang inti, dan dicincang halus
- 1 ulas bawang putih, dikisar
- 1 sudu besar dill segar atau pelepah adas yang dicincang halus
- 2 sudu besar keju kambing segar
- 1 biji limau purut, potong 8 biji

**ARAHAN:**
a) Bilas ikan dan masukkan ke dalam beg berkunci zip 1 galon dengan air garam, tekan udara, dan tutup beg itu. Sejukkan selama 2 hingga 6 jam.

b) Panaskan minyak dalam kuali besar dengan api sederhana. Masukkan bawang dan tumis sehingga lembut, kira-kira 3 minit. Masukkan bit dan epal dan tumis sehingga epal lembut, kira-kira 4 minit. Masukkan bawang putih dan dill dan panaskan, kira-kira 1 minit. Sejukkan adunan pada suhu bilik dan masukkan keju kambing.

c) Sementara itu, nyalakan gril untuk api sederhana terus, kira-kira 375¡F.

d) Keluarkan ikan dari air garam dan keringkan. Buang air garam. Sumbat rongga ikan dengan campuran bit dan epal yang telah disejukkan dan kencangkan dengan tali, jika perlu.

e) Sapu parut gril dan salut dengan minyak. Bakar ikan sehingga kulitnya garing dan ikan kelihatan legap pada permukaan tetapi masih berlapis dan lembap di tengah (130¼F pada termometer yang dibaca segera), 5 hingga 7 minit setiap sisi. Keluarkan ikan ke dalam pinggan hidangan dan hidangkan bersama hirisan limau nipis.

## 65.Risotto ubi bit

**BAHAN-BAHAN:**
- 50g mentega
- 1 biji bawang, dicincang halus
- 250g beras risotto
- 150ml wain putih
- 1 liter stok sayuran
- 300g ubi bit masak
- 1 biji limau nipis, diperah dan dijus
- pasli daun rata sekumpulan kecil, dicincang kasar
- 125g keju kambing lembut
- segenggam walnut, dibakar dan dicincang

**ARAHAN:**

a) Cairkan mentega dalam kuali dan masak bawang dengan sedikit perasa selama 10 minit sehingga lembut. Masukkan nasi dan kacau sehingga setiap biji bersalut, kemudian tuangkan wain dan buih selama 5 minit.

b) Masukkan stok satu sudu pada satu masa, sambil kacau, hanya tambah lagi apabila kumpulan sebelumnya telah diserap.

c) Sementara itu, ambil ½ ubi bit dan pukul dalam pengisar kecil sehingga halus, dan potong selebihnya.

d) Setelah nasi masak, kacau melalui ubi bit yang dicincang dan dicincang, kulit limau dan jus, dan kebanyakan pasli. Bahagikan antara pinggan dan bahagian atas dengan keju kambing yang hancur, walnut dan pasli yang tinggal.

## 66. Peluncur Bit Dengan Mikrohijau

**BAHAN-BAHAN:**
**BEETS**
- 1 ulas bawang putih, hancurkan sedikit dan kupas
- 2 lobak merah dikupas, dipotong
- Secubit Garam dan lada sulah
- 1 biji bawang, dikupas dan dibelah empat
- 4 bit
- 1 sudu besar biji jintan
- 2 batang saderi dibilas, dipotong

**PERSALINAN:**
- ½ cawan mayonis
- ⅓ cawan mentega
- ½ cawan pasli cincang, kucai, tarragon, atau thyme
- 1 sudu besar jus lemon segar diperah
- 1 sudu kecil pes ikan bilis
- 1 ulas bawang putih dihiris
- Lada garam _

**TOPPING:**
- Roti peluncur
- 1 biji bawang merah dihiris nipis
- Segenggam Microgreen Campuran

**ARAHAN:**
**PERSALINAN**
a) Satukan susu mentega, herba, mayonis, jus lemon, pes ikan bilis, bawang putih, garam dan lada sulah.

**BEETS**
b) Dalam ketuhar Belanda, rebus bit, saderi, lobak merah, bawang merah, bawang putih, biji jintan, garam dan lada sulah selama 55 minit.
c) Kupas bit dan potong menjadi kepingan.
d) Tumis hirisan bit selama 3 minit pada setiap sisi dalam kuali bersalut semburan masak.

**UNTUK MEMASANG**
e) Susun roti gelangsar di atas pinggan, dan atasnya dengan bit, vinaigrette, bawang merah dan sayur-sayuran mikro.

f) Nikmati.

## 67. Udang Dengan Amaranth & Keju Kambing

**BAHAN-BAHAN:**
- 2 Biji Berpilin
- 4 oz Keju Kambing Dilembutkan
- ½ cawan Arugula Microgreens Dicincang ringan
- ½ cawan Amaranth Microgreens Dicincang ringan
- 1 paun udang
- 1 cawan Kacang Kenari Cincang
- ¼ cawan Gula Tebu Mentah
- 1 sudu besar Mentega
- 2 sudu besar Minyak Zaitun Extra Virgin

**ARAHAN:**
a) Sediakan keju kambing untuk melembutkan selama 30 minit sebelum anda memulakan penyediaan.
b) Panaskan ketuhar hingga 375 darjah
c) Panaskan kuali dengan api sederhana.
d) Masukkan walnut, gula dan mentega ke dalam kuali dan kacau selalu di atas api sederhana.
e) Kacau sentiasa apabila gula mula cair.
f) Sebaik sahaja walnut disalut segera pindahkannya ke sehelai kertas parchment dan asingkan kacang supaya tidak mengeras melekat bersama. Mengetepikan
g) Potong bit menjadi lingkaran.
h) Toskan spiral dengan minyak zaitun dan garam laut.
i) Sebarkan bit pada lembaran biskut dan bakar dalam ketuhar selama 20 - 25 minit.
j) Bilas udang dan masukkan ke dalam periuk.
k) Isi kuali dengan air dan garam laut. Biarkan mendidih.
l) Toskan air dan masukkan ke dalam tab mandi ais untuk berhenti memasak.
m) Klip dan cincang kecil arugula microgreens. Mengetepikan.
n) Tambah mikrohijau pada keju lembut, tinggalkan beberapa secubit setiap mikrohijau.
o) Campurkan mikrohijau dan keju.
p) Kikis adunan keju menjadi bebola.
q) Bit pinggan.

r) Tambah satu sudu keju di atas bit.
s) Letakkan walnut di sekeliling pinggan.
t) Masukkan udang dan taburkan dengan baki mikrohijau, garam, dan lada retak.

# 68. Kerang Bakar Dengan Sos Bit Segar

**BAHAN-BAHAN:**
- 1¼ cawan jus bit segar
- Minyak zaitun buah
- 1 sudu teh cuka wain putih
- Garam kosher; untuk rasa
- Lada hitam yang baru dikisar; untuk rasa
- 1¼ paun Kerang laut segar
- Beberapa titis jus lemon segar
- 1 paun daun kangkung muda; teras tengah yang sukar dikeluarkan
- Beberapa titis cuka Sherry
- Daun kucai segar; dipotong menjadi kayu
- Dadu kecil lada benggala kuning

**ARAHAN:**

a) Letakkan jus bit dalam periuk tidak reaktif dan rebus sehingga berkurangan kepada kira-kira ½ cawan.

b) Matikan api, pukul 2 hingga 3 sudu besar minyak zaitun perlahan-lahan menjadi pengurangan untuk memekatkan sos. Pukul cuka wain putih, garam dan lada sulah secukup rasa. Ketepikan dan panaskan.

c) Minyak sedikit kerang dan perasakan dengan garam, lada sulah, dan beberapa titis jus lemon.

d) Sapu daun kubis dengan minyak dan perasakan sedikit. Bakar kangkung di kedua-dua belah sehingga daunnya sedikit hangus dan masak.

e) Bakar kerang sehingga masak (bahagian tengah hendaklah sedikit legap). Susun kale dengan menarik di tengah-tengah pinggan hangat dan gerimis beberapa titis cuka sherry di atasnya.

f) Letakkan kerang di atas dan sudu sos bit di sekelilingnya. Hiaskan dengan batang kucai dan lada kuning dan hidangkan segera.

# KELEDEK

## 69. Kentang Manis Dan Bayam Frittata

**BAHAN-BAHAN:**
- 1 keledek sederhana, dikupas dan dipotong dadu
- 1 cawan daun bayam segar
- 1/2 biji bawang besar, potong dadu
- 4 biji telur
- 1/4 cawan susu
- Garam dan lada sulah secukup rasa
- Minyak zaitun untuk memasak

**ARAHAN:**

a) Panaskan ketuhar hingga 350°F (175°C).

b) Panaskan minyak zaitun dalam kuali yang selamat untuk ketuhar dengan api sederhana.

c) Masukkan ubi keledek dan bawang besar yang dipotong dadu ke dalam kuali dan masak sehingga keledek empuk, kira-kira 8-10 minit.

d) Masukkan daun bayam dan masak sehingga layu, kira-kira 2 minit.

e) Dalam mangkuk, pukul bersama telur, susu, garam dan lada sulah.

f) Tuangkan adunan telur ke atas ubi keledek dan bayam dalam kuali.

g) Masak di atas dapur selama beberapa minit sehingga bahagian tepi mula set.

h) Pindahkan kuali ke ketuhar yang telah dipanaskan dan bakar selama kira-kira 12-15 minit, atau sehingga frittata ditetapkan di tengah.

i) Keluarkan dari ketuhar dan biarkan ia sejuk sedikit sebelum dihiris dan dihidangkan.

## 70. Mangkuk Sarapan Ubi Manis

**BAHAN-BAHAN:**
- 1 keledek sederhana, panggang dan tumbuk
- 1/2 cawan yogurt Yunani
- 2 sudu besar madu
- 1/4 cawan granola
- Beri segar untuk topping

**ARAHAN:**
a) Dalam mangkuk, satukan ubi keledek, yogurt Yunani dan madu.
b) Kacau rata hingga sebati.
c) Teratas adunan ubi keledek dengan granola dan beri segar.
d) Nikmati mangkuk sarapan ubi keledek sejuk atau pada suhu bilik.

## 71.Kaserol Sarapan Ubi Manis Dan Sosej

**BAHAN-BAHAN:**
- 2 cawan keledek yang telah dimasak dan dilenyek
- 1 paun sarapan sosej, masak dan hancur
- 1/2 biji bawang besar, potong dadu
- 1 lada benggala, potong dadu
- 1 cawan keju cheddar yang dicincang
- 8 biji telur
- 1/2 cawan susu
- Garam dan lada sulah secukup rasa

**ARAHAN:**

a) Panaskan ketuhar hingga 350°F (175°C).

b) Dalam hidangan pembakar yang telah digris, lapiskan ubi keledek yang telah dilenyek, sosej yang telah dimasak, bawang besar yang dihiris dadu, lada benggala yang dihiris dadu dan keju cheddar yang dicincang.

c) Dalam mangkuk, pukul bersama telur, susu, garam dan lada sulah.

d) Tuangkan adunan telur ke atas bahan dalam loyang.

e) Bakar selama kira-kira 30-35 minit, atau sehingga telur ditetapkan dan bahagian atas berwarna perang keemasan.

f) Biarkan kaserol sejuk selama beberapa minit sebelum dihiris dan dihidangkan.

## 72. Biskut Sarapan Ubi Manis

**BAHAN-BAHAN:**
- 1 cawan keledek yang telah dimasak dan dilenyek
- 1/4 cawan mentega badam
- 1/4 cawan madu
- 1 sudu teh ekstrak vanila
- 1 cawan oat gulung
- 1/2 cawan tepung gandum
- 1/2 sudu teh serbuk penaik
- 1/2 sudu teh kayu manis tanah
- 1/4 sudu teh garam
- 1/4 cawan cranberi kering atau kismis
- 1/4 cawan kacang cincang (pilihan)

**ARAHAN:**

a) Panaskan ketuhar hingga 350°F (175°C) dan alaskan loyang dengan kertas parchment.

b) Dalam mangkuk, satukan ubi keledek, mentega badam, madu dan ekstrak vanila. Gaul sebati.

c) Dalam mangkuk yang berasingan, pukul bersama oat, tepung gandum, serbuk penaik, kayu manis dan garam.

d) Masukkan bahan kering ke dalam adunan ubi dan kacau hingga sebati.

e) Lipat dalam cranberi kering atau kismis dan kacang cincang, jika dikehendaki.

f) Titiskan sesudu doh biskut ke atas loyang yang disediakan.

g) Bakar selama kira-kira 12-15 minit, atau sehingga biskut sedikit keemasan.

h) Benarkan kuki sejuk di atas loyang sebelum dipindahkan ke rak dawai untuk menyejukkan sepenuhnya.

## 73. Kuali Sarapan Ubi Manis Dan Bacon

**BAHAN-BAHAN:**
- 2 ubi keledek sederhana, dikupas dan dipotong dadu
- 4 keping bacon, dicincang
- 1/2 biji bawang besar, potong dadu
- 1 lada benggala, potong dadu
- 4 biji telur
- Garam dan lada sulah secukup rasa

**ARAHAN:**

a) Dalam kuali, masak daging cincang sehingga garing. Keluarkan dari kuali dan ketepikan.

b) Dalam kuali yang sama, masukkan ubi keledek yang dipotong dadu dan masak sehingga empuk, kira-kira 8-10 minit.

c) Masukkan bawang dadu dan lada benggala ke dalam kuali dan masak sehingga lembut, kira-kira 3-4 minit.

d) Tolak adunan ubi keledek ke satu sisi kuali dan pecahkan telur ke bahagian yang lain.

e) Perasakan dengan garam dan lada sulah.

f) Masak sehingga telur masak mengikut citarasa anda dan ubi agak karamel.

g) Taburkan bacon yang telah dimasak di atas kuali.

h) Hidangkan kuali sarapan ubi keledek dan bacon panas.

## 74. Mangkuk Smoothie Ubi Manis

**BAHAN-BAHAN:**
- 1 keledek sederhana, dibakar dan dikupas
- 1 pisang beku
- 1/2 cawan yogurt Yunani
- 1/2 cawan susu badam (atau susu lain pilihan anda)
- 1 sudu besar madu atau sirap maple
- Topping: hirisan pisang, granola, serpihan kelapa, biji chia

**ARAHAN:**
a) Dalam pengisar, gabungkan ubi keledek panggang, pisang beku, yogurt Yunani, susu badam dan madu atau sirap maple.
b) Kisar sehingga licin dan berkrim.
c) Tuangkan smoothie ke dalam mangkuk dan tambahkan topping yang anda inginkan, seperti hirisan pisang, granola, serpihan kelapa dan biji chia.
d) Nikmati mangkuk smoothie ubi dengan segera.

## 75. Mangkuk Burrito Sarapan Ubi Manis

**BAHAN-BAHAN:**
- 2 biji keledek sederhana, dikupas dan dipotong dadu
- 1 sudu besar minyak zaitun
- 1 sudu kecil paprika
- Garam dan lada sulah secukup rasa
- 4 biji telur, dikocok
- 1 cawan kacang hitam, bilas dan toskan
- Salsa atau sos panas untuk dihidangkan
- Hirisan alpukat untuk hiasan

**ARAHAN:**

a) Panaskan ketuhar hingga 425°F (220°C).

b) Toskan ubi keledek yang dipotong dadu dengan minyak zaitun, paprika, garam dan lada sulah dalam hidangan pembakar.

c) Bakar dalam ketuhar selama kira-kira 20-25 minit, atau sehingga keledek lembut dan sedikit garing.

d) Dalam mangkuk, lapiskan keledek panggang, telur hancur dan kacang hitam.

e) Teratas dengan salsa atau sos panas dan hiaskan dengan hirisan alpukat.

f) Hidangkan mangkuk burrito sarapan keledek hangat.

## 76. Ceviche Peruano

**BAHAN-BAHAN:**
- 2 kentang sederhana
- 2 biji keledek setiap satu
- 1 biji bawang merah, potong jalur nipis
- 1 cawan jus limau nipis segar
- ½ batang saderi, dihiris
- ¼ cawan daun ketumbar yang dibungkus ringan
- 1 secubit jintan halus
- 1 ulas bawang putih, dikisar
- 1 lada habanero
- 1 secubit garam dan lada sulah yang baru dikisar
- 1 paun tilapia segar dipotong menjadi ½ inci
- 1 paun udang sederhana - dikupas,

**ARAHAN:**

a) Masukkan kentang dan keledek ke dalam periuk dan tutup dengan air. Letakkan bawang yang dihiris dalam mangkuk berisi air suam.

b) Campurkan saderi, ketumbar, dan jintan manis, dan kacau dalam bawang putih dan lada habanero. Perasakan dengan garam dan lada sulah, kemudian masukkan ikan tilapia dan udang yang telah dipotong dadu

c) Untuk menghidangkan, kupas kentang dan potong menjadi kepingan. Kacau bawang ke dalam adunan ikan. Alas mangkuk hidangan dengan daun salad. Sudukan ceviche yang terdiri daripada jus ke dalam mangkuk dan hiaskan dengan hirisan kentang.

## 77. Kentang Manis Halia

**BAHAN-BAHAN:**
- A; (1/2 paun) ubi keledek
- 1½ sudu teh akar halia segar yang dikupas cincang
- 2 sudu teh jus lemon segar
- ¼ sudu teh Serpihan lada merah panas kering
- ¼ sudu teh Garam
- 1 Telur besar
- 5 sudu besar tepung serba guna
- Minyak sayuran untuk menggoreng

**ARAHAN:**

a) Dalam pemproses makanan, cincang halus ubi keledek dengan akar halia, jus lemon, kepingan lada merah, dan garam, masukkan telur dan tepung, dan gaul adunan dengan baik.

b) Dalam periuk besar panaskan 1½ inci minyak dan titiskan sudu besar adunan ubi keledek ke dalam minyak sehingga kekuningan.

c) Pindahkan goreng ke tuala kertas untuk toskan.

## 78. Gigitan Marshmallow Ubi Manis

**BAHAN-BAHAN:**
- 4 keledek, dikupas dan dihiris
- 2 sudu besar mentega berasaskan tumbuhan yang dicairkan
- 1 sudu teh sirap maple
- Garam kosher
- Beg 10 auns marshmallow
- ½ cawan separuh pecan

**ARAHAN:**
a) Panaskan ketuhar hingga 400 darjah Fahrenheit.
b) Toskan ubi keledek dengan mentega berasaskan tumbuhan cair dan sirap maple pada lembaran pembakar dan susunkannya dalam lapisan yang sama. Perasakan dengan garam dan lada sulah.
c) Bakar sehingga lembut, kira-kira 20 minit, terbalikkan separuh. Alih keluar.
d) Op setiap bulat keledek dengan marshmallow dan rebus selama 5 minit .
e) Hidangkan segera dengan separuh pecan di atas setiap marshmallow.

# 79.Ubi Manis Sumbat

**BAHAN-BAHAN:**
- 1 cawan air
- 1 ubi keledek
- 1 sudu besar sirap maple tulen
- 1 sudu besar mentega badam
- 1 sudu besar pecan cincang
- 2 sudu besar beri biru
- 1 sudu teh biji chia
- 1 sudu teh kari p aste

**ARAHAN:**

a) Dalam periuk segera anda, tambah satu cawan air dan rak pengukus.

b) Tutup penutup dan letakkan ubi keledek di atas rak, pastikan injap pelepas berada dalam kedudukan yang betul.

c) Panaskan Periuk Segera pada tekanan tinggi selama 15 minit secara manual. Ia akan mengambil masa beberapa minit untuk tekanan meningkat.

d) Selepas pemasa dimatikan, biarkan tekanan turun secara semula jadi selama 10 minit. Untuk melepaskan sebarang tekanan yang tinggal, putar injap pelepas.

e) Apabila injap apungan telah jatuh, keluarkan keledek dengan membuka penutupnya.

f) Apabila keledek telah cukup sejuk untuk dikendalikan, potong dua dan tumbuk daging dengan garpu.

g) Teratas dengan pecan, beri biru dan biji chia, kemudian siram dengan sirap maple dan mentega badam.

## 80.Ubi Tempura

**BAHAN-BAHAN:**
- 2 biji keledek bersaiz sederhana
- Minyak sayuran, untuk menggoreng
- 1 cawan tepung serba guna
- ¼ cawan tepung jagung
- ½ sudu teh garam
- 1 cawan air sejuk ais
- Sos pencicah pilihan anda (cth, kicap, sos ponzu, atau sos cili manis)

**ARAHAN:**
a) Kupas keledek dan potong menjadi kepingan nipis atau batang mancis. Rendam mereka dalam air sejuk selama beberapa minit untuk mengeluarkan lebihan kanji. Toskan dan lap kering menggunakan tuala kertas.
b) Panaskan minyak sayuran dalam penggoreng dalam atau periuk besar hingga sekitar 350°F (175°C).
c) Dalam mangkuk adunan, satukan tepung serba guna, tepung jagung dan garam. Masukkan air ais sejuk secara beransur-ansur, kacau perlahan-lahan, sehingga anda mencapai konsistensi adunan yang licin. Berhati-hati untuk tidak terlalu bercampur; tidak mengapa jika ada sedikit ketulan.
d) Celupkan setiap hirisan ubi atau batang mancis ke dalam adunan tempura, pastikan ia bersalut sama rata. Biarkan lebihan adunan menitis sebelum dimasukkan dengan teliti ke dalam minyak panas.
e) Goreng ubi keledek secara berkelompok, pastikan penggoreng atau periuk tidak terlalu sesak. Masak selama kira-kira 2-3 minit atau sehingga adunan tempura bertukar keemasan dan garing. Keluarkan mereka dari minyak menggunakan sudu atau penyepit berlubang dan pindahkannya ke pinggan yang dialas dengan tuala kertas untuk menyerap sebarang minyak yang berlebihan.
f) Ulangi proses dengan baki keledek sehingga semua masak.
g) Hidangkan ubi keledek tempura panas-panas dengan sos pencicah pilihan anda. Mereka membuat pembuka selera yang enak dan rangup atau boleh dihidangkan sebagai ulam dengan hidangan utama.

## 81. Turki Dan Keledek Tempura

**BAHAN-BAHAN:**
- 2 potong ayam belanda, dihiris nipis
- 1 keledek kecil, dikupas dan dihiris nipis
- 1 cawan tepung serba guna
- ¼ cawan tepung jagung
- ¼ sudu teh serbuk penaik
- ¼ sudu teh garam
- 1 cawan air sejuk ais
- Minyak sayuran untuk menggoreng
- Sos mustard madu atau sos pencicah pilihan anda untuk dihidangkan

**ARAHAN:**
a) Potong potong ayam belanda dan ubi keledek menjadi jalur nipis.
b) Dalam mangkuk, pukul bersama tepung, tepung jagung, serbuk penaik, dan garam.
c) Masukkan air sejuk secara beransur-ansur ke dalam bahan kering, pukul sehingga adunan licin dengan ketulan.
d) Panaskan minyak sayuran dalam penggoreng dalam atau periuk besar hingga 180°C (360°F).
e) Celupkan setiap jalur ayam belanda dan hirisan ubi keledek ke dalam adunan, salutkannya dengan rata.
f) Letakkan ayam belanda dan ubi keledek yang telah dipukul dengan berhati-hati ke dalam minyak panas dan goreng sehingga perang keemasan, pusingkannya sekali untuk memasak.
g) Gunakan sudu berlubang untuk mengeluarkan ayam belanda dan keledek goreng dari minyak dan pindahkannya ke pinggan beralaskan tuala kertas untuk mengalirkan lebihan minyak.
h) Hidangkan ayam belanda dan tempura ubi keledek dengan sos mustard madu atau sos pencicah pilihan anda untuk kombinasi rasa yang lazat.

## 82.Nachos kentang manis

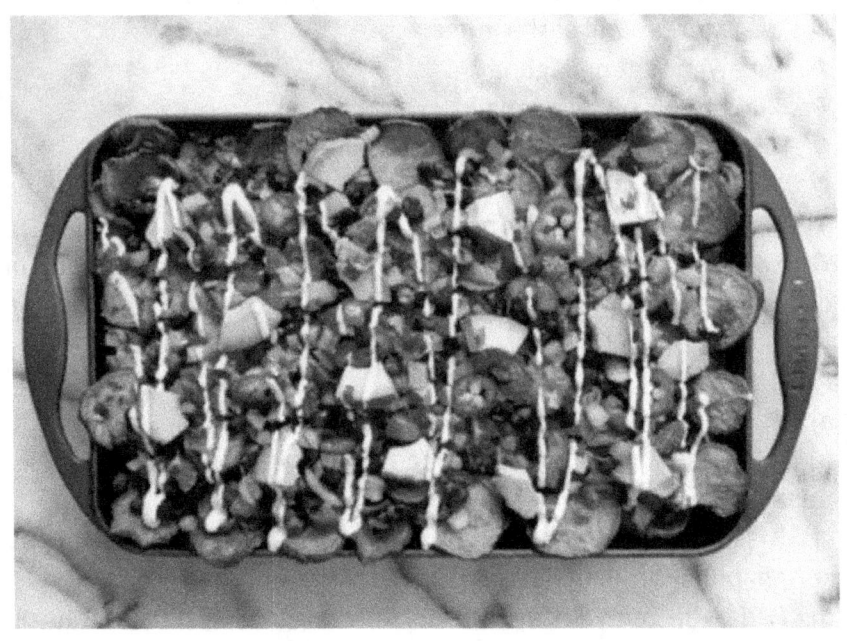

**BAHAN-BAHAN:**
- 1 sudu besar minyak zaitun
- ⅓ cawan tomato cincang
- ⅓ cawan alpukat yang dicincang
- 1 sudu kecil serbuk cili
- 1 sudu kecil serbuk bawang putih
- 3 biji keledek
- 1½ sudu teh paprika
- ⅓ cawan keju Cheddar yang dicincang rendah lemak

**ARAHAN:**

a) Panaskan ketuhar hingga 425 darjah Fahrenheit. Salutkan loyang dengan semburan masak nonstick dan tutupnya dengan foil.

b) Kupas dan hiris nipis ubi keledek menjadi bulat 14 inci.

c) Gaulkan bulatan dengan minyak zaitun, serbuk cili, serbuk bawang putih, dan paprika.

d) Sapukan sama rata pada kuali yang telah dipanaskan dan bakar selama 25 minit, terbalikkan separuh masa memasak sehingga garing.

e) Keluarkan kuali dari ketuhar dan letakkan ubi keledek dengan kacang dan keju.

f) Bakar selama 2 minit lagi sehingga keju cair.

g) Masukkan tomato dan alpukat. Hidang.

## 83. Kerepek Keledek Bakar

**BAHAN-BAHAN:**
- 2 biji keledek besar
- 2 sudu besar minyak zaitun
- Garam dan lada sulah secukup rasa

**ARAHAN:**

a) Panaskan ketuhar hingga 375°F (190°C).

b) Basuh dan kupas keledek. Hiris nipis-nipis menggunakan penghiris mandolin atau pisau tajam.

c) Dalam mangkuk besar, toskan hirisan ubi keledek dengan minyak zaitun, garam, dan lada sehingga bersalut rata.

d) Susun hirisan dalam satu lapisan di atas loyang yang dialas dengan kertas parchment.

e) Bakar selama 15-20 minit, terbalikkan cip separuh jalan, sehingga garing dan berwarna perang.

f) Keluarkan dari ketuhar dan biarkan cip sejuk sebelum dihidangkan.

## 84.Kerepek Ubi Berempah Kari

**BAHAN-BAHAN:**
- 2 biji keledek besar
- 2 sudu besar minyak zaitun
- 1 sudu kecil serbuk kari
- ½ sudu teh garam
- ¼ sudu teh kunyit kisar
- ¼ sudu teh jintan halus

**ARAHAN:**

a) Panaskan ketuhar hingga 375°F (190°C).

b) Basuh dan kupas keledek. Hiris nipis-nipis menggunakan penghiris mandolin atau pisau tajam.

c) Dalam mangkuk, toskan hirisan ubi dengan minyak zaitun, serbuk kari, garam, kunyit, dan jintan manis sehingga bersalut dengan baik.

d) Susun hirisan dalam satu lapisan di atas loyang yang dialas dengan kertas parchment.

e) Bakar selama 15-20 minit, terbalikkan cip separuh jalan, sehingga garing dan berwarna perang.

f) Keluarkan dari ketuhar dan biarkan cip sejuk sebelum dihidangkan.

## 85.Kerepek Kentang Bbq

**BAHAN-BAHAN:**
- 2 ubi keledek sederhana
- 2 sudu besar minyak zaitun
- 1 sudu besar perasa BBQ
- ½ sudu teh garam

**ARAHAN:**

a) Panaskan ketuhar hingga 375°F (190°C).

b) Basuh dan kupas keledek.

c) Hiris nipis ubi menggunakan alat penghiris mandolin atau pisau tajam.

d) Dalam mangkuk, satukan minyak zaitun, perasa BBQ dan garam.

e) Masukkan hirisan ubi keledek ke dalam adunan sehingga bersalut.

f) Susun hirisan ubi keledek di atas loyang yang dialas dengan kertas parchment.

g) Bakar selama 15-20 minit atau sehingga garing dan agak karamel.

h) Biarkan kerepek sejuk sebelum dihidangkan.

## 86.Ubi Bulat

**BAHAN-BAHAN:**
- Garam dan lada
- ½ keledek panggang, dihiris
- 2 biji telur
- ½ cawan sayur-sayuran pilihan: mikrohijau, arugula, bayam, atau lain-lain
- EVOO

**ARAHAN:**

a) Letakkan ¾ daripada sayur-sayuran di atas pinggan dan, sedikit gerimis dengan minyak zaitun dan secubit garam.

b) Panaskan kuali atau kuali dengan api sederhana.

c) Masukkan minyak zaitun, dan kemudian masukkan hirisan keledek ke dalam kuali.

d) Perasakan dengan garam dan lada sulah.

e) Masak hingga bahagian bawah mula keperangan, kemudian terbalikkan.

f) Keluarkan hirisan ubi keledek dari kuali dan susun di atas sayur-sayuran yang telah dimasak.

g) Pecahkan dua biji telur ke dalam kuali.

h) Perasakan mereka dengan sedikit garam dan lada sulah.

i) Masukkan telur ke dalam hirisan keledek yang telah dimasak di atas.

j) Hiaskan hidangan dengan sayur-sayuran yang dikhaskan.

## 87.Slider Turki Dengan Ubi

**BAHAN-BAHAN:**
- 4 ketul bacon salai Applewood, dicincang halus
- ayam belanda tanah 1 paun
- ½ cawan serbuk panko
- 2 biji telur besar
- ½ cawan keju Parmesan parut
- 4 sudu besar cilantro segar yang dicincang
- 1 sudu teh selasih kering
- ½ sudu teh jintan halus
- 1 sudu besar kicap
- 2 biji keledek besar
- Keju Colby-Monterey Jack yang dicincang

**ARAHAN:**
a) Dalam kuali besar, masak bacon di atas api sederhana sehingga garing; toskan pada tuala kertas. Buang semua kecuali 2 sudu besar titisan. Ketepikan kuali. Campurkan bacon dengan 8 bahan seterusnya sehingga sebati; tutup dan sejukkan selama sekurang-kurangnya 30 minit.

b) Panaskan ketuhar hingga 425°. Potong keledek kepada 20 keping kira-kira ½ inci tebal. Letakkan kepingan pada lembaran pembakar tanpa minyak; bakar sehingga ubi empuk tetapi tidak lembek, 30-35 minit. Keluarkan kepingan; sejukkan pada rak dawai.

c) Panaskan kuali dengan titisan terpelihara di atas api sederhana tinggi. Bentukkan campuran ayam belanda menjadi roti bersaiz gelangsar. Masak gelangsar dalam kelompok, 3-4 minit pada setiap sisi, berhati-hati agar tidak menyesakkan kuali. Tambah secubit cheddar yang dicincang selepas membalikkan setiap peluncur pada kali pertama. Masak sehingga termometer membaca 165° dan jus menjadi jelas.

d) Untuk menghidangkan, letakkan setiap gelangsar pada kepingan ubi keledek; sapukan dengan madu Dijon mustard. Tutup dengan hirisan keledek kedua.

e) Tusuk dengan pencungkil gigi.

## 88.Taco Tinga Ubi Manis Dan Lobak Merah

**BAHAN-BAHAN:**
- ¼ cawan Air
- 1 cawan bawang putih yang dihiris nipis
- 3 ulas bawang putih, dikisar
- 2 ½ cawan ubi keledek parut
- 1 cawan lobak merah parut
- 1 tin (14 auns) Tomato potong dadu
- 1 sudu teh oregano Mexico
- 2 lada chipotle dalam adobo
- ½ cawan stok sayur
- 1 buah alpukat, dihiris
- 8 Tortilla

**ARAHAN:**
a) Dalam kuali tumis besar di atas api sederhana, tambah air dan bawang, dan masak selama 3-4 minit, sehingga bawang lut sinar dan lembut. Masukkan bawang putih dan teruskan masak, kacau selama 1 minit.
b) Masukkan keledek dan lobak merah ke dalam kuali dan masak selama 5 minit kacau selalu.

**SOS:**
c) Letakkan tomato dadu, stok sayuran, oregano, dan lada chipotle dalam pengisar dan proses sehingga licin.
d) Masukkan sos chipotle-tomato ke dalam kuali dan masak selama 10-12 minit, kacau sekali-sekala, sehingga ubi keledek dan lobak merah masak. Jika perlu, tambahkan lebih banyak stok sayuran ke dalam kuali.
e) Hidangkan pada tortilla hangat dan atas dengan hirisan alpukat.

## 89. Lentil & Bebola Daging Nasi

**BAHAN-BAHAN:**
- ¾ cawan Lentil
- 1 Keledek
- 10 Daun bayam segar
- 1 cawan Cendawan segar, dicincang
- ¾ cawan tepung badam
- 1 sudu kecil Tarragon
- 1 sudu kecil Serbuk Bawang putih
- 1 sudu kecil Serpihan pasli
- ¾ cawan Nasi bijirin panjang

**ARAHAN:**

a) Masak nasi hingga masak dan likat sedikit dan kacang hingga lembut. Sejukkan sedikit.

b) Kisar halus ubi keledek yang telah dikupas dan masak sehingga lembut. Sejukkan sedikit.

c) Daun bayam hendaklah dibilas dan dicincang halus.

d) Campurkan semua bahan dan rempah tambah garam dan lada sulah secukup rasa.

e) Sejukkan dalam peti ais selama 15-30 min.

f) Bentukkan bebola daging dan tumis dalam kuali atau atas panggangan sayuran.

g) Pastikan untuk melincirkan atau menyembur kuali dengan Pam kerana Bebola Daging ini akan cenderung melekat.

## 90.Kaserol Marshmallow Ubi Manis

**BAHAN-BAHAN:**
- 4 ½ paun keledek
- 1 cawan gula pasir
- ½ cawan mentega vegan dilembutkan
- ¼ cawan susu berasaskan tumbuhan
- 1 sudu teh ekstrak vanila
- ¼ sudu teh garam
- 1 ¼ cawan bijirin cornflakes, dihancurkan
- ¼ cawan pecan cincang
- 1 sudu besar gula perang
- 1 sudu besar mentega vegan, cair
- 1½ cawan marshmallow kecil

**ARAHAN:**
a) Panaskan ketuhar hingga 425 darjah Fahrenheit.
b) B panggang ubi keledek selama 1 jam atau sehingga lembut.
c) Potong ubi keledek separuh dan cedok bahagian dalam ke dalam hidangan adunan.
d) Dengan menggunakan pengadun elektrik, pukul ubi keledek, gula pasir, dan 5 bahan berikut sehingga rata.
e) Sudukan adunan kentang ke dalam loyang bersaiz 11 x 7 inci yang telah digris.
f) Dalam mangkuk adunan, satukan bijirin cornflakes dan tiga bahan seterusnya.
g) Taburkan dalam barisan pepenjuru 2 inci di atas hidangan.
h) Bakar selama 30 minit .
i) Di antara barisan cornflakes, taburkan marshmallow; bakar selama 10 minit.

# 91. Kaserol Ubi Manis Serpihan Jagung

**BAHAN-BAHAN:**
- 2 biji telur
- 3 cawan keledek tumbuk
- 1 cawan gula
- ½ cawan mentega, cair
- ⅓ cawan susu
- 1 sudu teh ekstrak vanila

**TOPPING:**
- 3 cawan cornflakes
- ⅔ cawan mentega, cair
- 1 cawan gula perang yang dibungkus
- ½ cawan kacang cincang
- ½ cawan kismis

**ARAHAN:**

a) Pukul telur dalam mangkuk besar, kemudian masukkan 5 bahan seterusnya dan sebati.

b) Suduk ke dalam loyang 13"x9" yang tidak digris. Campurkan bahan topping dan taburkan di atas kentang.

c) Bakar pada suhu 350 darjah selama kira-kira 30 hingga 40 minit.

## 92. Kacang, Roti Millet Dengan Ubi

**BAHAN-BAHAN:**
- 1 cawan cendawan cincang
- 1 sudu besar minyak
- 1 cawan keledek potong dadu
- Air, jika perlu
- ½ cawan tauhu sutera
- 2 sudu besar salsa (pilihan)
- 2 Sudu besar tepung kentang
- 15-auns tin kacang merah, toskan dan bilas
- ½ cawan millet masak
- 1 cawan roti rai, potong kiub kecil
- ½ cawan jagung beku yang telah dicairkan atau jagung yang dikikis segar dari tongkolnya
- 1 sudu teh rosemary cincang
- ½ sudu teh garam
- ½ cawan panggang, kacang cincang halus, sebarang jenis (pilihan)

**ARAHAN:**
a) Panaskan kuali berat di atas api sederhana tinggi. Masukkan cendawan dan goreng kering sehingga mengeluarkan jusnya. Kurangkan haba.
b) Masukkan minyak dan ubi keledek, tutup, dan masak sehingga ubi empuk.
c) Tambah sedikit air, jika perlu, supaya kentang tidak melekat. Apabila kentang dan cendawan siap, keluarkan kira-kira ½ cawan dan gabungkan dengan tauhu, salsa dan kanji kentang. Gaul sebati. Mengetepikan.
d) Panaskan ketuhar hingga 350 darjah. Alas loyang dengan kertas parchment. Dalam mangkuk adunan yang besar, satukan kacang merah, bijirin, dan roti rai dan tumbuk bersama sehingga sebati.
e) Masukkan adunan tauhu, jagung, rosemary, garam, dan kacang.
f) Gaul sebati. Sebarkan separuh adunan ini ke dalam loyang roti.
g) Letakkan baki cendawan dan ubi keledek di atas lapisan, dan kemudian ratakan baki kacang dan campuran bijirin di atas. Tepuk-tepuk. Bakar selama 45 minit.

h) Keluarkan dari ketuhar dan terbalikkan di atas rak penyejuk untuk menyejukkan.

## 93. Gnocchi Ubi Manis Dengan Pesto Roket

**BAHAN-BAHAN:**
- 2 ubi keledek besar, dibakar dan dikupas
- 2 cawan tepung serba guna, ditambah tambahan untuk habuk
- 1 sudu teh garam
- ½ sudu teh lada hitam tanah
- ¼ sudu teh pala tanah
- 2 cawan daun roket (arugula) segar
- ½ cawan keju Parmesan parut
- ¼ cawan kacang pain
- 2 ulas bawang putih, dikisar
- ½ cawan minyak zaitun dara tambahan
- Garam dan lada sulah secukup rasa

**ARAHAN:**

a) Dalam mangkuk besar, tumbuk keledek yang telah dibakar sehingga halus.

b) Dalam mangkuk yang berasingan, satukan tepung serba guna, garam, lada hitam yang dikisar dan buah pala yang dikisar.

c) Masukkan sedikit demi sedikit adunan tepung ke dalam ubi keledek yang telah dilenyek tadi, gaul rata sehingga menjadi doh yang lembut. Jika adunan terlalu melekit, tambah sedikit lagi tepung.

d) Pindahkan doh ke permukaan yang ditaburi sedikit tepung dan uli perlahan-lahan selama beberapa minit sehingga licin.

e) Bahagikan doh kepada bahagian kecil. Gulung setiap bahagian ke dalam bentuk tali, kira-kira ½ inci diameter.

f) Potong tali menjadi kepingan kecil, kira-kira 1 inci panjang, untuk membentuk gnocchi. Gunakan garpu untuk membuat rabung pada setiap bahagian jika dikehendaki.

g) Didihkan periuk besar air masin. Masukkan gnocchi keledek dan masak sehingga terapung ke permukaan. Ini perlu mengambil masa kira-kira 2-3 minit. Keluarkan gnocchi dengan sudu berlubang dan ketepikan.

h) Dalam pemproses makanan, gabungkan daun roket segar, keju Parmesan parut, kacang pain, bawang putih cincang dan minyak zaitun dara tambahan. Proses sehingga adunan membentuk pesto yang licin. Perasakan dengan garam dan lada sulah secukup rasa.

i) Dalam kuali besar, panaskan sedikit minyak zaitun di atas api sederhana. Masukkan gnocchi keledek yang telah dimasak dan masukkannya ke dalam kuali sehingga ia bersalut dengan baik dan dipanaskan.

j) Hidangkan Sweet Potato Gnocchi dengan Rocket Pesto, siram pesto ke atas gnocchi atau hidangkan di tepi. Nikmati gabungan lazat gnocchi ubi keledek dan pesto roket yang berperisa.

## 94.Chestnut Dan Ubi Manis Gnocchi

**BAHAN-BAHAN:**
**GNOCCHI**
- 1 + ½ cawan keledek panggang
- ½ cawan Tepung Berangan
- ½ cawan ricotta susu penuh
- 2 sudu teh garam halal
- ½ cawan tepung bebas gluten
- Lada putih secukup rasa
- Paprika salai secukup rasa

**MUSHROOM & CHESTNUT RAGU**
- 1 cawan cendawan butang, potong 4
- 2-3 cendawan portobello, dihiris menjadi jalur halus
- 1 dulang cendawan shimeji (putih atau coklat)
- ⅓ cawan buah berangan, dipotong dadu
- 2 sudu besar mentega
- 2 biji bawang merah, dicincang halus
- 2 ulas bawang putih, cincang halus
- 1 sudu kecil pes tomato
- Wain putih (secukup rasa)
- Garam kosher (secukup rasa)
- 2 sudu besar Sage segar, dicincang halus
- Parsley secukup rasa

**UNTUK MENAMATKAN**
- 2 sudu besar minyak zaitun
- Keju Parmesan (secukup rasa)

**ARAHAN:**
**GNOCCHI**
a) Panaskan ketuhar hingga 380 darjah.
b) Tusuk ubi keledek seluruhnya dengan garfu.
c) Letakkan ubi keledek pada lembaran pembakar berbingkai dan panggang selama kira-kira 30 minit, atau sehingga lembut. Biarkan sejuk sedikit.
d) Kupas keledek dan pindahkannya ke pemproses makanan. Haluskan hingga halus.

e) Dalam mangkuk besar, satukan bahan dr (tepung chestnut, garam, tepung bebas gluten, lada putih, dan paprika salai), dan simpan di sebelah.

f) Pindahkan puri ubi keledek ke dalam mangkuk besar. Masukkan ricotta dan tambah ¾ adunan kering. Pindahkan doh ke permukaan kerja yang ditaburkan dengan banyak tepung dan uli perlahan-lahan dalam lebih banyak tepung sehingga doh bersatu tetapi masih sangat lembut.

g) Bahagikan doh kepada 6-8 bahagian dan canai setiap kepingan menjadi tali setebal 1 inci.

h) Potong tali menjadi panjang 1 inci dan taburkan setiap kepingan dengan tepung bebas gluten.

i) Gulungkan setiap gnocchi pada bahagian garpu yang ditaburkan tepung untuk membuat lekukan kecil.

j) Simpan di atas dulang di dalam penyejuk sehingga anda bersedia untuk menggunakannya.

**MUSHROOM & CHESTNUT RAGU**

k) Dalam kuali panas, cairkan mentega dan tambah sedikit garam.

l) Masukkan bawang merah, bawang putih, dan sage dan tumis selama 10 minit sehingga bawang merah lut sinar.

m) Masukkan semua cendawan dan tumis dengan api besar, kacau sentiasa.

n) Masukkan pes tomato dan wain putih dan biarkan ia berkurangan sehingga cendawan lembut dan lembut.

o) Hiaskan ragu dengan pasli cincang segar dan buah berangan yang dipotong dadu. Mengetepikan.

**UNTUK MENAMATKAN**

p) Didihkan periuk besar air masin. Masukkan gnocchi keledek dan masak sehingga ia terapung ke permukaan, kira-kira 3-4 minit.

q) Menggunakan sudu berlubang, pindahkan gnocchi ke dalam pinggan besar. Ulangi dengan baki gnocchi.

r) Cairkan 2 sudu besar minyak zaitun dalam kuali tumis yang besar.

s) Masukkan gnocchi, kacau perlahan-lahan, sehingga gnocchi menjadi karamel.

t) Masukkan Ragu cendawan dan tambah beberapa sudu air gnocchi.

u) Kacau perlahan-lahan dan biarkan ia masak selama 2-3 minit dengan api yang tinggi.

v) Hidangkan dengan taburan keju Parmesan di atasnya.

## 95.Ubi Manis & Lobak Merah Gnocchi

**BAHAN-BAHAN:**
- 1 keledek besar, dibakar dan dikupas
- 1 lobak merah besar, masak dan dikupas
- 2 cawan tepung serba guna, ditambah tambahan untuk habuk
- ½ sudu teh garam
- ¼ sudu teh kayu manis tanah
- ¼ sudu teh pala tanah
- ¼ sudu teh halia kisar
- Mentega atau minyak zaitun untuk memasak
- Daun sage segar untuk hiasan

**ARAHAN:**

a) Dalam mangkuk besar, tumbuk ubi yang telah dibakar dan lobak merah yang telah dimasak sehingga halus.

b) Dalam mangkuk yang berasingan, satukan tepung serba guna, garam, kayu manis yang dikisar, buah pala dan halia yang dikisar.

c) Masukkan adunan tepung secara beransur-ansur ke dalam ubi keledek dan lobak merah yang telah dilenyek, gaul rata sehingga menjadi doh yang lembut. Jika adunan terlalu melekit, tambah sedikit lagi tepung.

d) Pindahkan doh ke permukaan yang ditaburi sedikit tepung dan uli perlahan-lahan selama beberapa minit sehingga licin.

e) Bahagikan doh kepada bahagian kecil. Gulung setiap bahagian ke dalam bentuk tali, kira-kira ½ inci diameter.

f) Potong tali menjadi kepingan kecil, kira-kira 1 inci panjang, untuk membentuk gnocchi. Gunakan garpu untuk membuat rabung pada setiap bahagian jika dikehendaki.

g) Didihkan periuk besar air masin. Masukkan ubi keledek dan lobak merah gnocchi dan masak sehingga ia terapung ke permukaan. Ini perlu mengambil masa kira-kira 2-3 minit. Keluarkan gnocchi dengan sudu berlubang dan ketepikan.

h) Dalam kuali yang berasingan, panaskan sedikit mentega atau minyak zaitun di atas api sederhana. Masukkan ubi keledek dan lobak merah gnocchi yang telah dimasak dan tumiskan sehingga ia berwarna perang dan garing.

i) Hiaskan Sweet Potato & Carrot Gnocchi dengan daun bijak segar sebelum dihidangkan.

# JERUSALEM ARTICHOKE

## 96.Carpaccio Vegetarian

**BAHAN-BAHAN:**
- 3 ubi bit dalam warna yang berbeza; merah jambu, kuning dan putih
- 2 lobak merah dalam warna yang berbeza; kuning dan ungu
- 2 articok Yerusalem
- 4 lobak
- 1 lobak
- ¼ cawan minyak zaitun
- 4 sudu besar cuka wain
- 1 keping roti, potong dadu
- 2 sudu besar kacang pain
- 1 sudu besar biji labu
- 2 sudu besar minyak walnut
- 1 genggam daun salad
- garam laut
- lada hitam yang baru dikisar

**ARAHAN :**

a) Basuh semua sayur-sayuran. Potong menjadi kepingan yang sangat nipis menggunakan mandolin.

b) Letakkan dalam mangkuk, tuangkan cuka dan minyak zaitun, dan kacau perlahan-lahan dengan jari anda.

c) Biarkan selama sejam.

d) Roti panggang dengan kacang pain dan biji labu dalam kuali kering, kacau sentiasa.

e) Susun sayur-sayuran di atas pinggan, dan hiaskan dengan crouton dan biji.

f) Taburkan dengan minyak kacang, garam, dan lada sulah.

g) Hiaskan dengan daun salad.

## 97. Articok Jerusalem Dengan Delima

**BAHAN-BAHAN:**
- 500g articok Yerusalem
- 3 sudu besar minyak zaitun dara tambahan
- 1 sudu kecil biji nigella
- 2 sudu besar kacang pain
- 1 sudu besar madu
- 1 buah delima, dibelah dua memanjang
- 3 sudu besar molase delima
- 3 sudu besar feta, hancur
- 2 sudu besar pasli daun rata, dicincang
- Garam dan lada hitam

**ARAHAN:**

a) Panaskan ketuhar kepada 200C/400F/tanda gas 6. Gosok articok dengan baik dan kemudian belah dua atau perempatkannya bergantung pada saiz. Letakkannya di atas dulang pembakar besar dalam satu lapisan dan gerimis dengan 2 sudu besar minyak. Perasakan dengan garam dan lada sulah dan kemudian taburkan dengan biji nigella. Bakar selama 20 minit atau sehingga garing di sekeliling tepi. Masukkan kacang pain dan madu ke dalam articok selama 4 minit terakhir memasak.

b) Sementara itu, tumbuk keluar biji delima. Dengan menggunakan mangkuk besar dan sudu kayu yang berat, pukul bahagian tepi setiap buah delima yang dibelah dua sehingga semua biji keluar. Keluarkan sebarang empulur. Tuangkan jus ke dalam mangkuk kecil dan tambah sirap delima dan baki minyak zaitun. Kacau sebati sehingga sebati.

c) Apabila articok dan kacang pain sudah siap, sudukan di atas pinggan hidangan dengan biji ditaburkan. Tuangkan dressing ke atas segalanya dan selesaikan dengan taburan feta dan pasli untuk dihidangkan.

## 98. Artichoke Cilantro Cocktail

**BAHAN-BAHAN:**
- 4 articok Yerusalem
- 1 tandan ketumbar segar, kira-kira 1 cawan
- 4 lobak besar, ekor dan dipotong
- 3 ekor kereta sederhana, dipotong

**ARAHAN:**
a) Proseskan articok Jerusalem, satu demi satu, melalui pemerah jus elektronik anda mengikut arahan pengilang.
b) Gulungkan ketumbar ke dalam bola untuk dimampatkan dan ditambah.
c) Masukkan lobak dan lobak merah.
d) Campurkan jus dengan teliti untuk menggabungkan dan hidangkan di atas ais seperti yang dikehendaki.

## 99.Ayam Panggang Dengan Artichoke Jerusalem

**BAHAN-BAHAN :**
- 1 lb / 450 g articok Jerusalem, dikupas dan dipotong memanjang menjadi 6 hirisan ⅔ inci / 1.5 cm tebal
- 3 sudu besar jus lemon yang baru diperah
- 8 paha ayam berkulit, masuk tulang, atau 1 ayam keseluruhan sederhana, dibelah empat
- 12 pisang atau bawang merah besar lain, dibelah dua memanjang
- 12 ulas bawang putih besar, dihiris
- 1 lemon sederhana, dibelah dua memanjang dan kemudian dihiris sangat nipis
- 1 sudu kecil benang kunyit
- 3½ sudu besar / 50 ml minyak zaitun
- ¾ cawan / 150 ml air sejuk
- 1¼ sudu besar lada merah jambu, ditumbuk sedikit
- ¼ cawan / 10 g daun thyme segar
- 1 cawan / 40 g daun tarragon, dicincang
- 2 sudu kecil garam
- ½ sudu kecil lada hitam yang baru dikisar

**ARAHAN :**
a) Masukkan artichoke Yerusalem dalam periuk sederhana, tutup dengan banyak air, dan tambah separuh jus lemon. Didihkan, kecilkan api, dan reneh selama 10 hingga 20 minit, sehingga lembut tetapi tidak lembut. Toskan dan biarkan sejuk.

b) Letakkan articok Yerusalem dan semua bahan yang tinggal, tidak termasuk jus lemon yang tinggal dan separuh daripada tarragon, dalam mangkuk adunan yang besar dan gunakan tangan anda untuk mencampurkan semuanya dengan baik. Tutup dan biarkan untuk perap di dalam peti sejuk semalaman, atau sekurang-kurangnya 2 jam.

c) Panaskan ketuhar kepada 475°F / 240°C. Susun kepingan ayam, kulit menghadap ke atas, di tengah-tengah kuali pembakar dan ratakan bahan-bahan yang tinggal di sekeliling ayam. Bakar selama 30 minit. Tutup kuali dengan aluminium foil dan masak selama 15 minit lagi. Pada ketika ini, ayam harus dimasak sepenuhnya. Keluarkan dari ketuhar dan masukkan tarragon yang dikhaskan dan jus lemon. Kacau rata, rasa, dan tambah garam jika perlu. Hidangkan sekali gus.

## 100. Lasagna Bayam Dan Ubi Manis

**BAHAN-BAHAN:**
- 2 hingga 3 ubi keledek besar (kira-kira 2 paun), dikupas dan dipotong menjadi bulat ½ inci
- 2 kepala kembang kol besar, potong bunga
- ¼ cawan kacang pain, dibakar
- Susu badam kosong tanpa gula, mengikut keperluan
- 3 sudu besar yis pemakanan, pilihan
- ½ sudu teh buah pala
- 1½ sudu teh garam
- 1 biji bawang besar kuning, kupas dan potong dadu kecil
- 4 ulas bawang putih, kupas dan kisar
- 1 sudu besar thyme cincang
- ½ cawan basil yang dicincang halus
- 12 cawan bayam (kira-kira 2 paun)
- Garam dan lada hitam yang baru dikisar secukup rasa
- 12 auns bijirin penuh atau mi lasagna tepung articok Yerusalem, dimasak mengikut arahan pakej, toskan dan bilas sehingga sejuk

**ARAHAN:**
a) Letakkan ubi keledek dalam dandang berganda atau bakul pengukus dan kukus selama 6 minit, atau sehingga lembut tetapi tidak lembek. Bilas sehingga sejuk, kemudian toskan dan ketepikan.

b) Kukus kembang kol selama 6 hingga 8 minit sehingga sangat lembut. Satukan kembang kol dan kacang pain dalam pengisar, dalam kelompok jika perlu, dan puri sehingga licin dan berkrim, tambah susu badam jika perlu. Masukkan puri ke dalam mangkuk besar dan kacau dalam yis pemakanan (jika menggunakan), buah pala dan garam. Mengetepikan.

c) Letakkan bawang dalam kuali besar dan tumis dengan api sederhana selama 10 minit. Tambah air 1 hingga 2 sudu pada satu masa supaya ia tidak melekat pada kuali.

d) Masukkan bawang putih, thyme, basil, dan bayam dan masak selama 4 hingga 5 minit, atau sehingga bayam layu. Masukkan ke dalam puri bunga kobis dan gaul rata. Perasakan dengan tambahan garam dan lada sulah.

e) Panaskan ketuhar hingga 350°F.

f) Untuk memasang lasagna, tuangkan 1 cawan campuran kembang kol ke bahagian bawah hidangan pembakar 9 × 13 inci. Masukkan lapisan mee lasagna. Letakkan lapisan ubi keledek di atas mee.

g) Tuangkan 1½ cawan campuran kembang kol ke atas ubi keledek. Teratas dengan satu lagi lapisan mi, diikuti dengan lapisan ubi keledek.

h) Tambah satu lagi lapisan campuran kembang kol. Teratas dengan lapisan akhir mi dan baki sos kembang kol. Tutup dengan aluminium foil dan bakar selama 30 minit.

i) Buka tutup dan bakar selama 15 minit lagi, atau sehingga kaserol panas dan berbuih. Biarkan selama 15 minit sebelum dihidangkan.

# KESIMPULAN

Semasa kami mengakhiri perjalanan kulinari kami melalui "Buku Masakan Sayur Akar," kami berharap anda telah mengalami kegembiraan menguasai seni masakan sayur akar. Setiap resipi dalam halaman ini adalah perayaan rasa tanah, kekayaan nutrisi dan kepelbagaian masakan yang dibawa oleh sayur-sayuran akar ke meja anda—sebuah bukti kemungkinan masakan yang terdapat di bawah permukaan.

Sama ada anda telah menikmati kesederhanaan sayur-sayuran akar panggang, menerima kreativiti hidangan inovatif, atau meneroka faedah pemakanan pelbagai akar, kami percaya bahawa resipi ini telah menyemarakkan semangat anda untuk memasak dengan sayur-sayuran akar. Di sebalik ramuan dan teknik, semoga konsep menguasai masakan sayur akar menjadi sumber inspirasi, kreativiti, dan sambutan limpah kurnia alam semula jadi.

Sambil anda terus menerokai potensi masakan sayur-sayuran akar, semoga "BUKU MASAK SAYURAN AKAR" menjadi teman anda yang dipercayai, membimbing anda melalui pelbagai resipi yang mempamerkan kekayaan dan kepelbagaian khazanah bawah tanah ini. Inilah untuk menikmati kebaikan tanah, mencipta makanan yang lazat dan meraikan peranan penting sayur-sayuran akar dalam himpunan masakan anda.

NIKMATI HIDANGAN ANDA!

www.ingramcontent.com/pod-product-compliance
Lightning Source LLC
Chambersburg PA
CBHW071316110526
44591CB00010B/907